利根川と生活

[illegible]々田地区、川魚漁の記憶―

福島やすとし

まつやま書房

目次

昭和初期の間々田付近利根川概略図

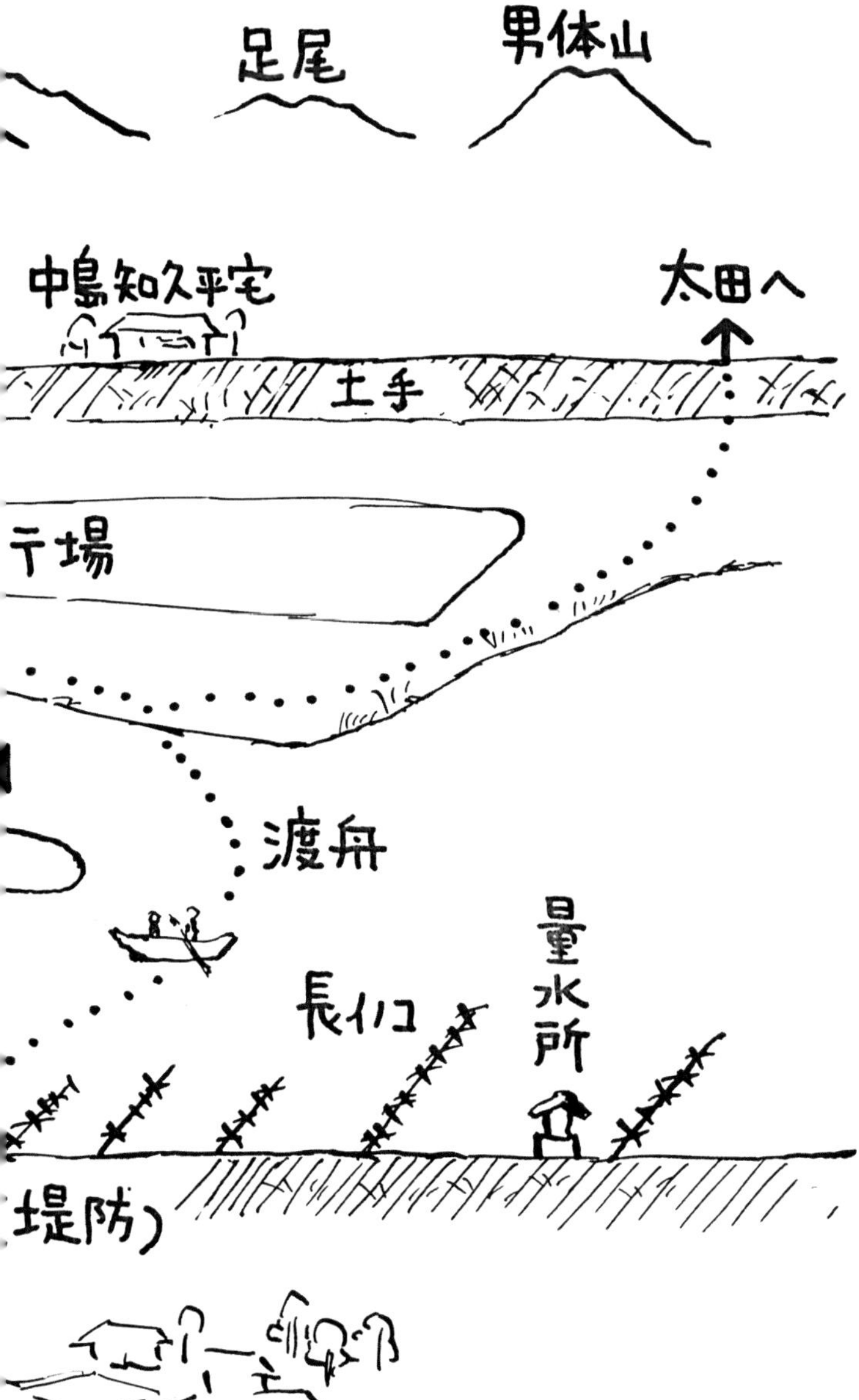

足尾
男体山
中島知久平宅
太田へ
土手
干場
渡舟
長イコ
量水所
堤防)

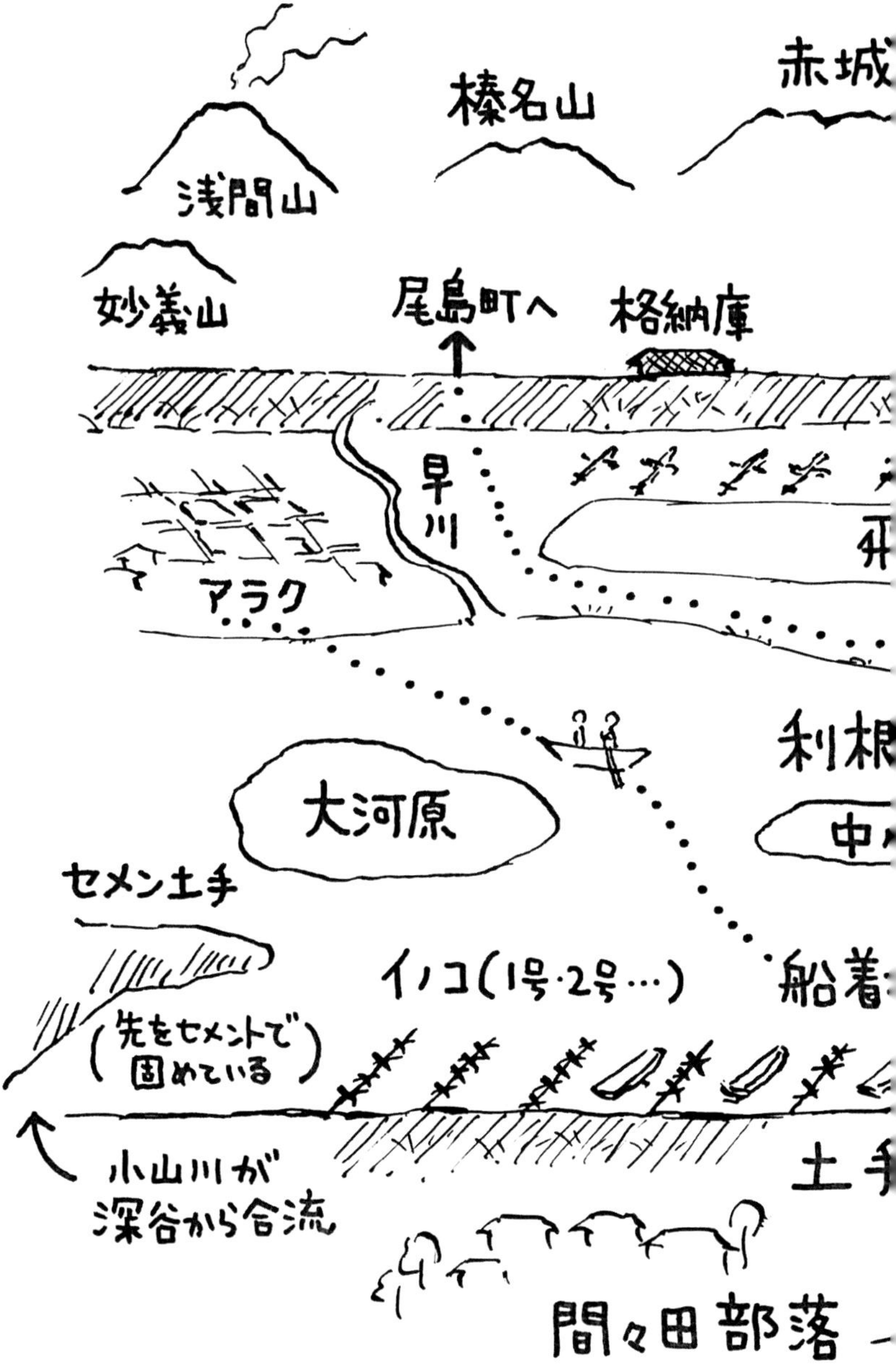

浅間山
榛名山
赤城
妙義山
尾島町へ
格納庫
早川
アラク
利根
大河原
中
セメン土手
イノコ(1号・2号…)
船着
(先をセメントで固めている)
小山川が深谷から合流
土
間々田部落

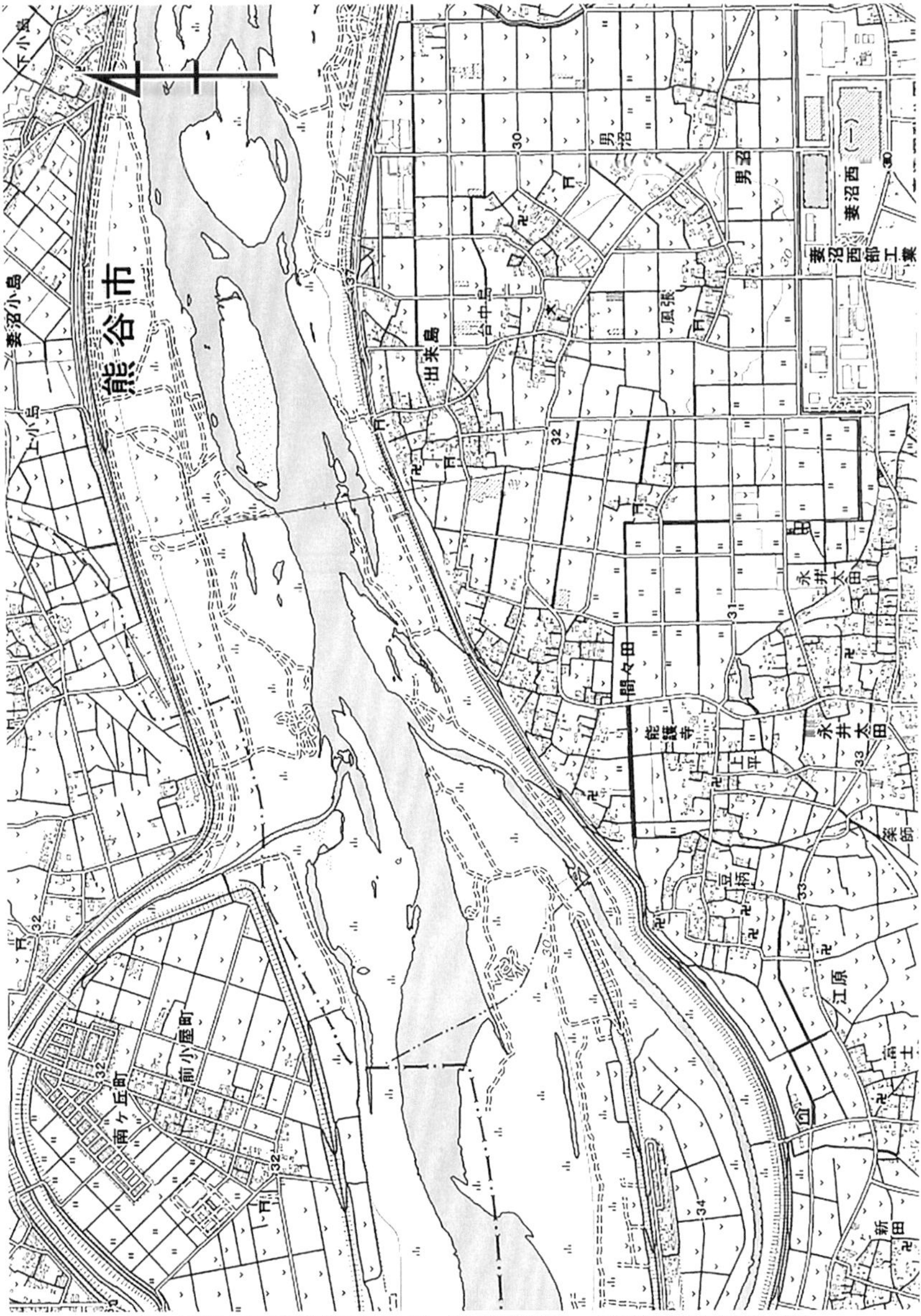

現在の間々田付近利根川地図（地理院地図・標準地図を引用加筆）
（出典：国土地理院ウェブサイト https://www.gsi.go.jp/top.html ）

はじめに

　昭和のはじめ（一九三一年）、この世に生を受け、以来90年に満ちる齢を迎える身となった。同じ年頃の人たちも一人二人といつの間にやら天国へ旅立ち、残り少なくなってきた。まさに『少年　老いやすく』である。あっという間の人生であり、ずいぶん昔のことが昨日のように想われるのである。

　ところで、十年一昔とはいうが、昔ということは自分には関係ないことのような気がしていた。（昔々、おじいさんとおばあさんがあったとさ。おじいさんは山へ―）昔話の昔ぐらいに考えていた。

　ところで、人の一生を振り返ってみると、自分自身にしても、父母や祖父母にしても、昔というはっきりした概念で自分の過去を見ていたとは思えない。

　年をとったな、老いたなと感じた、とは確かであると思うが。

　認知症の症状をみてみよう。私も、満95歳まで存命した母の世話を経験した。さいわいにも人生の終末五年間程であったが、母は時々現在がなくなり、過去の時代に意識が飛んでしまうのである。

7人の子どもを育てた苦労より、若かった頃の強い印象に意識が戻るのであろうか。誰さんちへ遊びに行くとか、舟に乗って畑に行ったら川に鮭がいっぱいいたとか、暗くなったからちょうちんを持って来いとか、意識は過去に飛んでいるのである。

普通の人は現状認識がはっきりし、過去はその意識下に抑えられているのであろう。現在がとんでしまって過去（昔）が現在になるのが認知症である。過去が現在なのである。ウマとシカの区別が出来なくなったのではない。

人は歳をとってくると過去を懐かしく思うことが強くなってくるらしい。認知症の人が現実を忘れ過去を現実と取り違えてしまい、てんてこ舞いを家族に強いるが、人生も残り少なになると人は現実は認識しながらも懐古趣味になるようだ。のんびり過去の記憶に浸っていられるなんて、残り少ない人生の特権かもしれない。

当時を知る同級生も残り少なになってきた。温故知新という言葉もある。人は過去の数々の出来事の積み重ねの上に今という人生がある。そして現在は明日の未来に通ずる。利根川を身近な生活の場として育ったものとして、川漁の様子に的を絞って、これを記録しておくのも意義無き事でもなかろうと思う。

子どものときの記憶は多少曖昧の点があるかもしれないが、出来るだけ実際に自分が見聞きし、体験したことを述べたいと思う。

著名な学者や探求熱心な研究者の書く論文や出版物と違って、川の近くで生をうけ、川とともに育ち、魚とり好きの一私人の思い出話として読んでいただければ幸いである。

間々田から対岸を見る
今も昔も、利根川は川幅のとても広い川だ。

川と生活

オギャーと生まれた家の屋敷の裏は利根川の堤防に接していた。そこには数十本の杉林があったが、終戦後の新堤防の建設で今はその下になってしまった。裏の宅地分と畑が三角形の形になっているのは、その名残である。

子どもにとっては、川は遊びの場であり、水浴び、魚とり、バッタとりと親しんできた。子どもばかりではない。家族にとっても、川は生活の一部でもあった。

川は子どもの遊び場

川は子どもにとっては、日常の遊び場だった。公園やプールやボール遊びなどの広場は何処にもなかった。遊び道具もなかった。神社や寺の庭はかってに使うことはできない。自分の家の庭や道路もあるが、仕事の邪魔をすると叱られる。子どもが自由にのびのびと遊べるのは土手か河原であった。土手の草むらには子どもを引き付けるバッタや蝶、トンボが群れ、川には小魚たちが待っていてくれた。

大人たちは畑作や蚕の飼育に追われ、子どもたちは近所のガキ大将に率いられ、遊びまわった。上の者が下の面倒をみる、当たり前の不文律であった。川は危険がいっぱいである。親たちは行ってはいけないところ、やってはいけないことをきつく子どもたちに言い渡した。

水泳ぎは上の者の泳ぐ様子を見よう見まねでおぼえた。誰かから教わったことはない。小学2～3年ごろであっただろうか、犬掻きから抜き手、ゲエロ泳ぎ（ひらおよぎ）も少しずつできるようになった。学年が進むにつれ、ねかさおよぎ(背泳のようなもの)、立ち泳ぎ、のし泳ぎ（横泳ぎ）も出来るようになった。

泳ぐことが出来るようになると、本水（本流）に飛び込んだり、急流で渦を巻いているところに飛び込んで巻きこまれないよう泳いだりした。本流を400～500メートル横切って対岸に行こうとしたこともあった。どんどん流されるが疲れたら、ねかさ泳ぎでやすみ、その後、のし泳ぎで対岸に着いたこともあった。（12～13歳頃と思う）

泳ぎが出来るようになると、水の怖さは無くなった。川の水底の様子も分かるようになった。石や小石、砂のあるところ、粘土質のあるところ、川の流れとの関係など知らずのうちに少なからず分かるようになった。

こんな遊びもたびたびやったものだ。学校から帰ると「いってきました」という挨拶もそこそこに鞄を放り出し、家の裏へ一目散。家の裏手の樫ぐねの中に隠しておいた竹ざおを持って土手へ駆け上る。川には数人の仲間が待っている。舟遊びである。舟は子どもが勝手に乗ることは禁じられているが、興味を抑え難いのである。特に夏は舟から飛び込んだり、また中洲へ行って遊んだり、遊びの範囲はぐんと広がるのである。

　舟を自由に操れるということは、川に依存することの多い川辺に住むものにとっては必須の事柄であり、子どもの頃の遊びはそれを補っていたと言えよう。親たちは舟竿を持ち出したことを知っていたのではないかと、今にして思われるのである。

舟竿の竿先部分

　ところで、舟竿であるが、これは単に竹を切っただけのものではない。太さは物干し竿程度だが、竿の先に15～20センチほどの鉄製のとがった竿先が取り付けられている。川底が小石であったりすると滑ってしまうので、ガッチリ食い込んで滑らないようにするためである。これで力を込めて舟が漕げるのである。

くらしと川のつながり

蚕具の洗い場として

子どもの頃の我が家は、7反の田畑の自作農であったが、当時は養蚕が盛んで、畑には桑が植えられていた。現在令和三年、屋敷内西側に、横5間、奥行き2間半、2階建ての長屋と呼ばれる建物がある。これは蚕を飼うために昭和初期に作られたものである。いかに養蚕に力を入れていたことが分かるのである。

戦後アメリカでナイロンが発明、養蚕は急速に衰退の一途を辿ることになるのだが、子どもの頃は養蚕が盛んであったから、飼育に使った様々な用具は、裏の川へ持っていって洗った。

薪の供給源として

ガスも電気窯もない時代のこと。かまどで火を燃やして煮炊きをしなければならない。川の流域の平坦な土地、広大な屋敷林でもあれば別のことだが、燃料は限られてくる。

蚕の残した桑の枝、古くなった桑の根っこ、わら等、大事な燃料であった。家の裏にある防風林（スギ、ケヤキ、カシなど）の落ちた枝、特に杉の枯れ枝、葉は貴重であった。これだけでは足りない。

そこで目を付けられたのが、川の流木である。河原に落ちている流木は我先にと拾われていった。水中ならまだ残っていた。舟の出番である。舟の中には大きなヤスが用意してあった。それで木を突く。舟に取り込む。採ってきた流木は河原に積み上げ、棒を立てておく。棒は所有者がいる証である。乾いたら背負い籠やリヤカーを引いて家に持ってきた。桑の根っこと違って

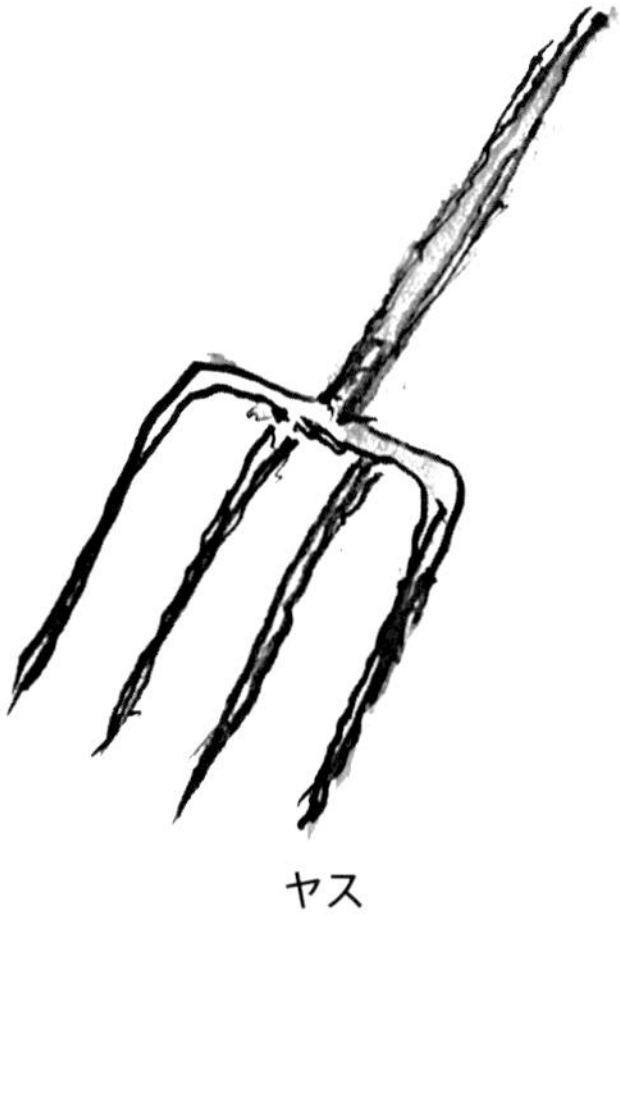

ヤス

よく燃えるので母親たちは喜んだものである。川は大事な燃料の供給源であったのだ。

食料（蛋白源）の一助としての川

海から遠い内陸部にあって、川魚は貴重な蛋白源であった。病人にでもならなければ、卵やりんごの擦ったのが食べられない時代、病気見舞いにコイをぶら下げて行ったのである。川の近くであるからこその恵みといえよう。

土手涼み、秋の虫

一日の重労働から開放されたゆうべ、浴衣にうちわを持った土手の上の夕涼みは格別である。

近所の人が三々五々と集まってくる。子どもたちも嬉々としている。

夏から秋、土手や河原の虫の声も賑やかになって、人を楽しませた。現代の青マツムシの神経を苛立たせる持続的な音でなく、コオロギも鈴虫もクツワムシも、それぞれつつましくも固有の鳴き声で季節を感じさせてくれたのだった。

アラク

川の向こう岸には広々とした河川敷があり、終戦までそこは飛行場になっていた。勿論、一般人は立ち入り禁止であるが、その上流にアラクと呼ばれる畑地があり、農作業には自家用舟で行き来した。舟を漕いでいくと、びっくりしたコイが舟の中に飛び込んできた、嘘のような珍事もあった。

アラクも生活とかかわりが深かったので若干記しておこう。

ところで、「アラク」という言葉は聞きなれない言葉に違いない。ここで少しばかり説明をしておこう。まずそれには、間々田地区の行政的変遷や、地勢的状況を述べ、アラクとはどんな土地であったのか、間々田地区とどんな関わりがあったかを知ってもらう一助にしたいと思う。

明治時代前半、間々田は幡羅郡間々田村と呼ばれた。明治二二年（一八八九年）町村制施行により、隣村の出来島村、男沼村、小島村と合併し、幡羅郡男沼村となった。幡羅郡はその後、大里郡になり、大里郡男沼村大字間々田になった。昭和三〇年（一九九五年）隣の妻沼町を中心として男沼村、大田村、長井村、秦村が合併して妻沼町となり、妻沼町大字間々田となった。二〇〇五年平成の大合併により、熊谷市になった。現在は大字がとれ、熊谷市間々田となった。

さて、熊谷市民の中にどれだけ間々田地区が熊谷市のどこにあるか知っている人がいるだろうか。親戚があったり、何らかの関わりがある人は知っているだろうが、そうでない人は殆んど知らないのではと思う。自分自身を振り返っても恥ずかしい限りであるが、他地区についてはあまり知らないのである。

熊谷市の中に坂東太郎（利根川の別称）がとうとうと流れ、川の向こうにも熊谷市（小島地区）があり、群馬県との県境は利根川の真ん中ではなく、複雑に入り組んでいることをご存知だろうか。

間々田地区も利根川の河川敷内にぐっと入り込み、対岸の堤防の近くになっている。

といっても利根川の向こう側に間々田部落の家並みはない。北に隣接するのは、群馬県の尾島町、太田市であるが、その接するところは堤防に挟まれた利根川の河川敷内になっているからである。河川敷内は行政的には国の管轄で、市町村のおよぶところではないが、地勢的には間々田分である。

古老から聞いた話によると、堤防の出来る前にあった寺や民家は堤防の南側に移転して現在に至るそうである。堤防の出来る前は耕作地もあったと思う。たびたびの水害に悩まされながら苦難に耐え、生活を営んできたであろうことが推測される。しかし堤防の敷地内となっては放棄せざるをえない。河川敷に残された土地は長年、自然の荒れ放題にまかされたことだろう。

明治、大正、昭和と時代は進み、否応なく時は戦争の時代に突入していった。壮健な者は兵隊へ、働けるものは徴用工として軍需産業へ、残った老いも若きも食料増産に駆り立てられた。農家は供出米に追われ、人々の食糧事情はひっ迫した。

ここで政府の打ち出してきたのは、遊休地の活用である。公園、学校の庭、堤防、荒地の開墾である。河川敷も勿論である。

間々田地区も対岸の河川敷きの土地を活用することとなった。これが「アラク」である。それぞれの家に平等に分配されたと思う。しかしこの土地に行くには利根川という大河を渡って行かなければならない。尾島町と間々田の間には渡し舟があるが、主に往来する人を乗せるのである。

アラクに行くには舟が必要である。当時川に近い家や魚取りする家には川舟はあったが、ない人が多かった。舟持ち、舟が借りられる人に当然なってくる。こうして土地は分配された。土地はなくても舟を持っている人はとても喜んだと思う。

じゃがいも、サツマイモ、かぼちゃ、小麦、などが主であった。スイカを作る人もあったが、これは水浴び腕白坊主どもに狙われ、うまくいかなかったようだ。河川敷だから、秋の出水前に取り入れなければならないことは言うまでもない。

アラクにつくと、父は釣竿をたれた。竹ざおの先に水糸を付け、錘は5～10センチの細長い石である。

釣り針にミミズをつけ、ポカンと放り込んでおく、いわゆるボッカン釣りである。畑作業の合間に竿を上げに行くと、ドンキョウボウ（すなふき）がかかっていた。家に帰ってから、母親が醤油で煮てくれた。晩のおかずである。当時、醤油といえば、大きな桶にもろみを仕込み、自分の家で作ったものである。

ともあれ、これは、戦前の子ども時代のことである。戦後はアラクもなくなり、舟で農作業に行く必要もなくなった。昭和三〇年代、高度成長期に入ると、子どもたちの川での水泳、魚とり、虫取りなどめっきり減少した。今では、そのような子どもを見かけることは、皆無といってよいだろう。

大人たちも変わった。魚とり、釣りは趣味の一つであり、遊びの領域になった。川と日常生活との濃密な関係は希薄になった。なにしろ、食べたければスーパーに行けばよいし、生活必需品すべて、金さえあれば調達できる時代であるから、川とともに生きるという強いつながりはなくなったのである。

利根川の川漁

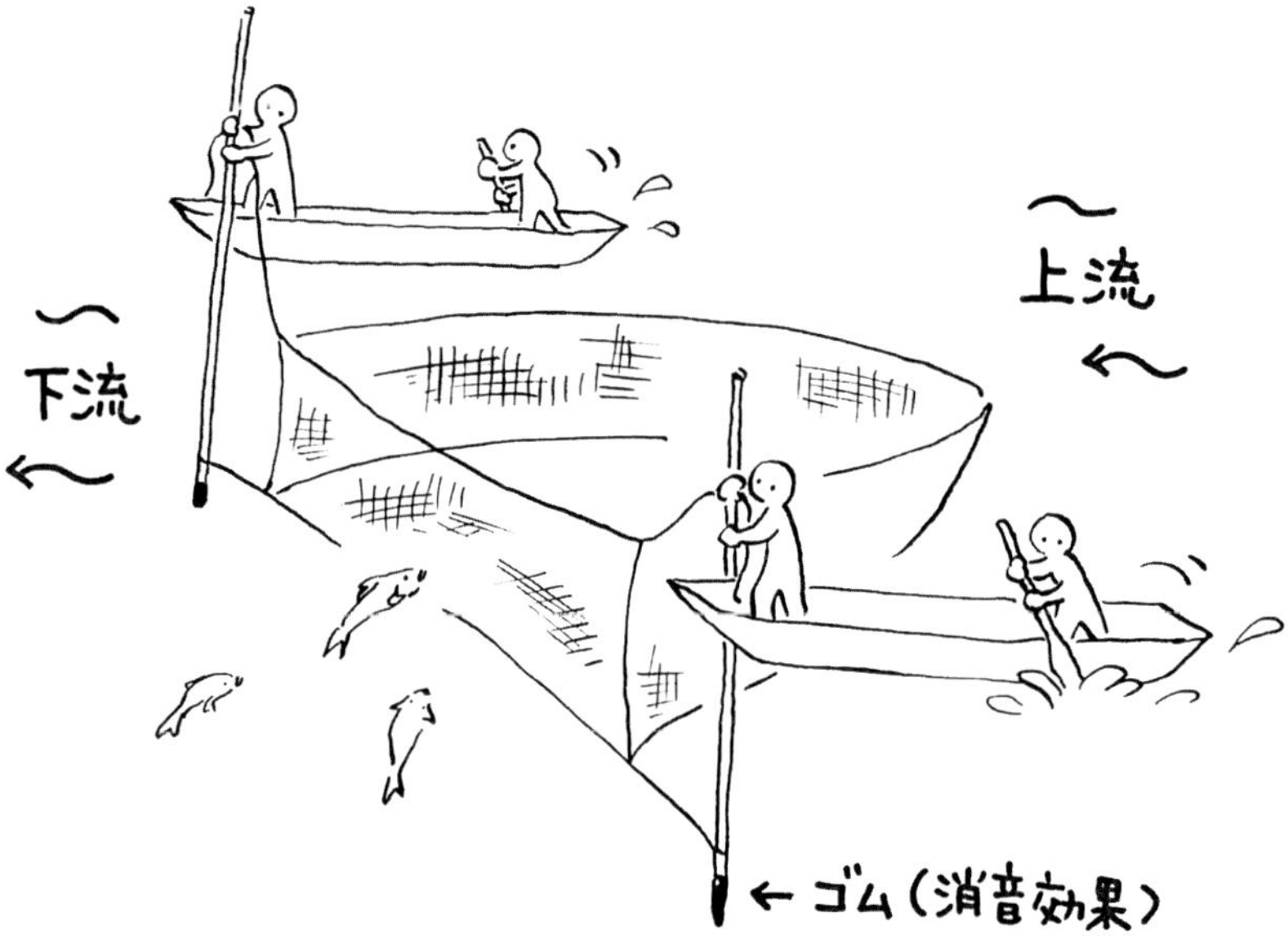

いくり漁

この漁法は、利根川のような大きな河川だからこそ出来る漁であろう。土手（堤防）から対岸の土手まで間々田地区にあっても、800〜900メートルあるだろう。河川敷や川の中の島をのぞいて、川幅（水の流れているところの幅）は、渇水期でも400〜500メートルはある。出水期には土手と土手の間は、濁流ごうごうとなる。

利根川はこのような大河であることを念頭に、以下の文も読んでいただ

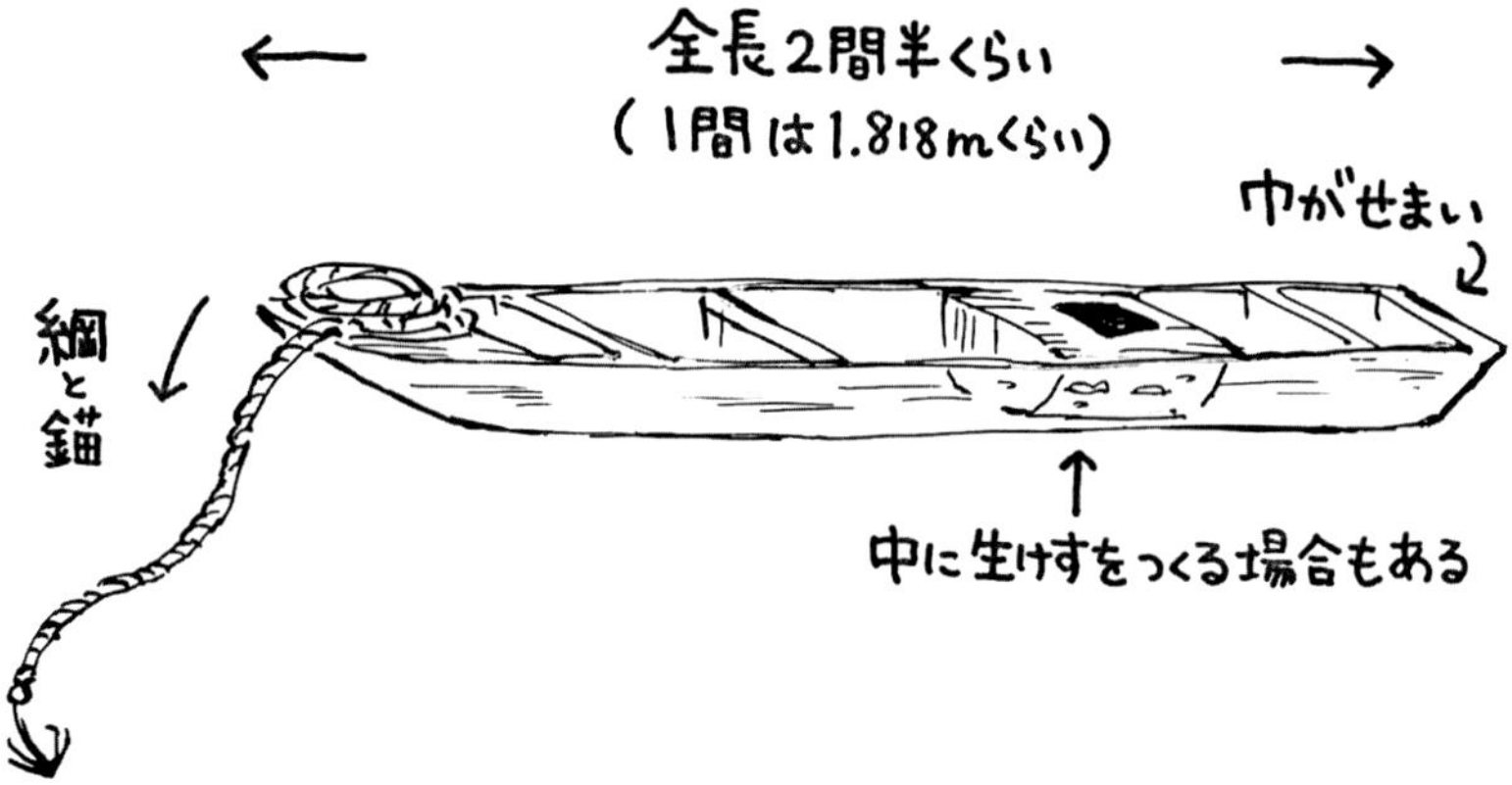
全長2間半くらい
（1間は1.818mくらい）
巾がせまい
綱と錨
中に生けすをつくる場合もある

けたら、幸いである。

いくり漁は、出水期を除き年間をとおして行われた。トロール漁法である。川の中央部や深みのある、しかも流れの速いところや、瀬しもの急深になっている場所が適所である。要するに川ゴイ（鯉）がいそうな場所である。

いくり漁には、川舟が二艘必要である。へさきを川下に向け5～10メートル間隔に平行に並べ、へさきに一人、ともに一人、それぞれの舟に乗る。へさきの者は、四角形のふところのある網を取り付けた大きな竹ざおを持つ。（図参照）ともの者はこぎ手である。竿と櫂を巧みに操り、流れよりやや速く舟を進める。へさきの者は獲物が入るとあたり（魚信）があるので、声をかけ同時に竿を上げ、舟に取り込む。かくしてコイは御用となる。

祖父や父たちは近所の人たちと声を掛け合ったり、かけられたりして、いくりに出かけたものだった。家の井戸端に大きなたらいを置き、とってきたコイを泳がせていた。一貫目（約4キロ）以上だと、これは川の主《ぬし》に違いないと、お酒を飲ませ、川に戻した。ここで、主《ぬし》について少し説明しておこう。日本には古来より万物に神が宿ると言われている。神々の数は、やおよろず（八百万）の神といわれるほど多いのである。私たちを取り巻く自然界すべてを取り仕切る太陽神（天照皇大神）を主神として、自然界の各種領域にそれぞれ神性を持った主《あるじ》を配置したのである。人智を超えた森羅万象にである。豊穣の神もいれば貧乏神もいるのである。

湖沼や川には主《ぬし》として竜神が司ると言われる。竜神祭りが今日も行なわれているから、このことは察せられるだろう。大木、大きな岩、山（赤城山も富士山も）神が宿っているのだ。

家の中を見てみよう。正月に神社から配られる御弊神には様々の神にささげるためのものが用意されている。年神様を初め、氏神様、かまど神、井戸神、便所神、その

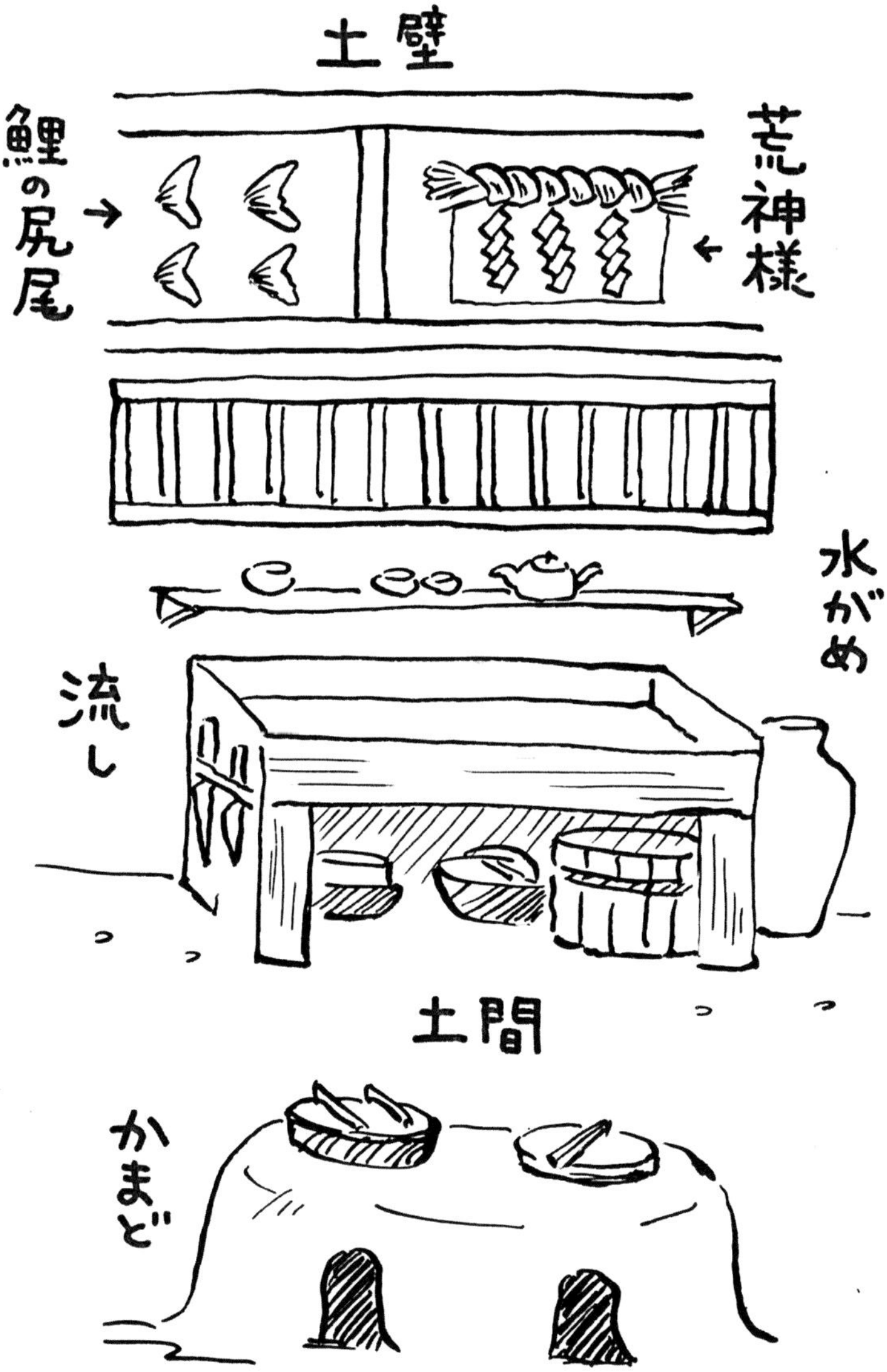
土壁
鯉の尻尾
荒神様
水がめ
流し
土間
かまど

他諸々。子どもの頃、正月中は朝、それぞれの神を巡って供え物をあげた。便所神様は臭くて嫌だった。どうしてこんなところに神様はいるのだろうと思ったものだ。
また、正月中は生グサモノは禁忌とされた。

さて、川の主《ぬし》に戻ろう。人智を超えた巨大なものに人は神の存在を感じた。大きなコイに神が乗り移って居るのではないか。神の力が乗り移っているもの。それを主《ぬし》と呼んだ。水の神。竜神の化身がこの大きなコイかもしれないと思ったのだ。これは粗末に出来ない。神様はお酒が好きだから、一杯お神酒をあげて川へ戻したのである。化身という言葉であるが、神様も、仏様もいろんなお姿に身を変えられるのである。これが化身である。大コイにお姿を変えられても、不思議ではないのである。

戦前に行なわれた奇妙な風習、壁にコイの尻尾をはって神にささげたことを含めて、少し考えてみよう。
今は、二〇二一年、令和三年である。あれからおよそ80年、原始的なことをしたもんだと、一笑に付されるに違いない。コイはどんどん増殖し、また巨大化してきた。

一貫目（約4キロ）のコイなんて小さいほうになった。数年前に採ったコイはなんと13キロの大コイであった。4キロ以上のコイを主《ぬし》とすると川が神様だらけになってしまう。神様もこれにはお困りでしょう。人間様だって同様である。コイが増えてきた原因は環境的な問題があるのだろうが、これはさておくことにして、昔にもどろう。

なぜ人は大きなコイや尻尾を壁に張って崇め奉ったのか。ただ神への恐れだけでは無かったと思う。利根川という自然からの恵みへの感謝、つぎにこれからもその恵みが何時までも続くようにと祈ったに違いない。現代で言うなら、Sustainable Environment（持続的環境）を願ったのだと思う。当時の古老の知恵というべきか。

コイ料理は、コイのあらいやコイこくであった。コイの尻尾は台所（土間）の上の壁に貼っておいた。台所の神（荒神様）への報告と感謝の意味があったのだろうか。また、あらいを作るとき祖父は言った。

「あらいというのは、生きているコイしかできないんだ。死んだコイや、フナやナマズなどとんでもない。特に、フナは絶対なまで食べてはだめだ。魚は煮るか焼くかして食べるのだ。」このことばは、今でもしみついている。いろいろ調べてみると、まさにそのようである。先人の知恵と言うべきであろう。

川魚はコイの「あらい」以外、生で食べてはいけないという教えはなんだったのだろうか。調べてみると、これは寄生虫の問題であった。

清流にすむアユをはじめコイ、フナ、ウグイ、ウナギ、ドジョウ、などみな寄生虫をもっている。人間に害を与えるものも少なくない。人間の臓器に入り、中には脳の中まで入り込むものもいるそうだ。自然に生息する川魚は煮て食べろ、これが鉄則である。ただし許されているのはコイの「あらい」だけである。養殖で育てられたものは、寄生虫に対する処置がされているので、コイの刺身などあるが安心である。生ものは、天然ものか、養殖ものかに注意を払わなければならないだろう。

コイの「あらい」は2~3キロの生きているコイ、口をパクパクさせているコイが理想的である。勿論寄生虫が居るかもしれない。死んだコイは避けるべきである。

作り方を大雑把にいえば、三枚におろし、身を出来る限り薄くそぎ切りにする。(寄生虫を切る)向こうが透けて見える程と言われるが、これは至難の技である。これを冷たい流水に小一時間さらすと、真っ白に肉がはじけるようになってくる。（血液中の寄生虫を取り除く）これに酢味噌をつけて食べる。

コイの「あらい」が安全であることが、なんとなくお解かりいただけたろうか。昭和初期のじい様たちはすでに、このことを知っていたのだった。

利根川の流れは複雑で、川底を熟知していないと成果が上がらない。浅瀬あり、急流あり、よどみあり、また大きな岩や、流木があって複雑である。今は、いくり網は、すっかり廃れてしまったが、その理由は川を熟知している人がいない、網を作る人がいない、人手が足りない、指導者がいない、コイが増殖してさしあみや投網で簡単にとれるようになった、等々考えられる。

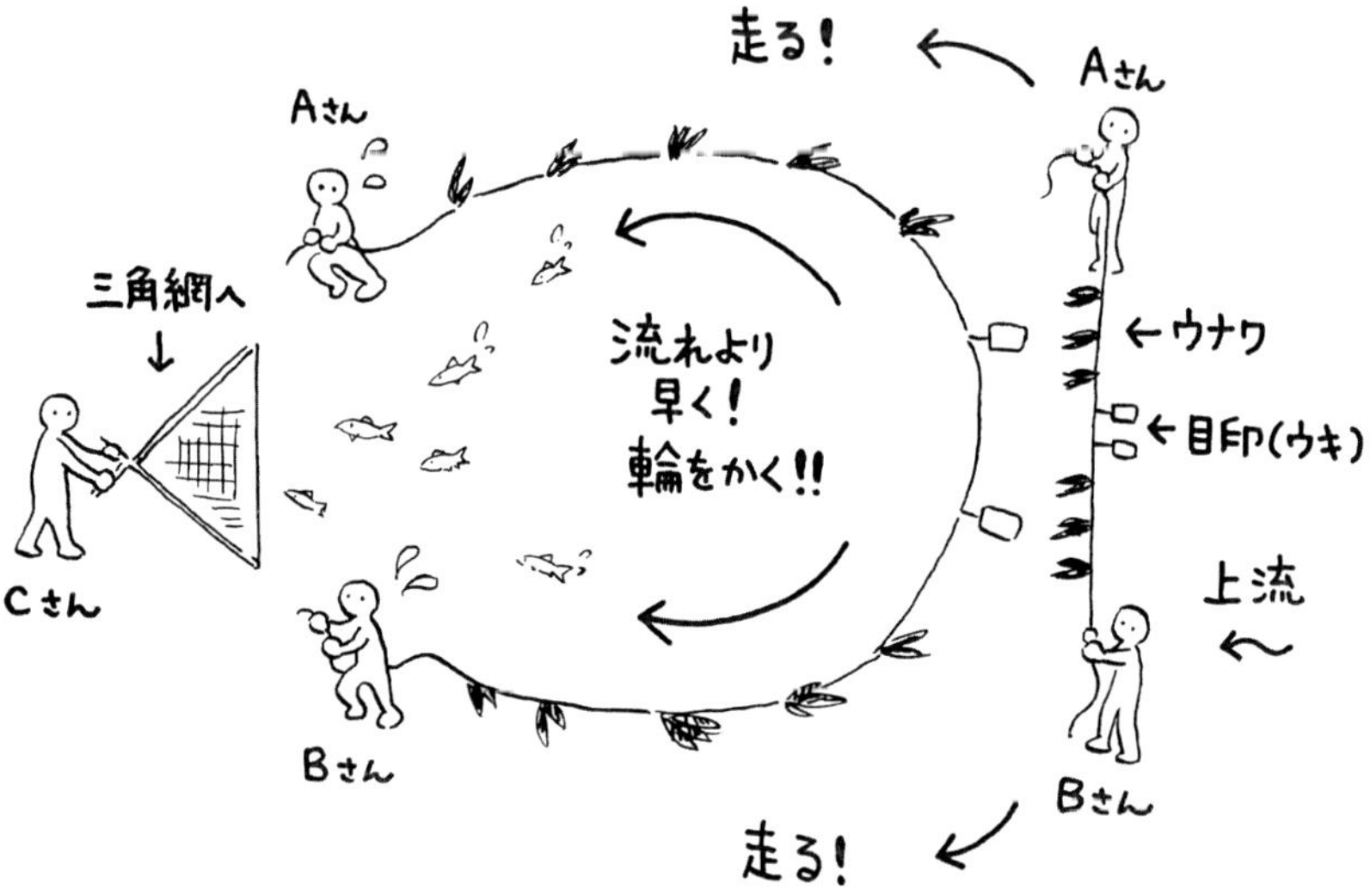
走る!
Aさん
Aさん
三角網へ
Cさん
流れより
早く!
輪をかく!!
←ウナワ
←目印(ウキ)
上流
Bさん
Bさん
走る!

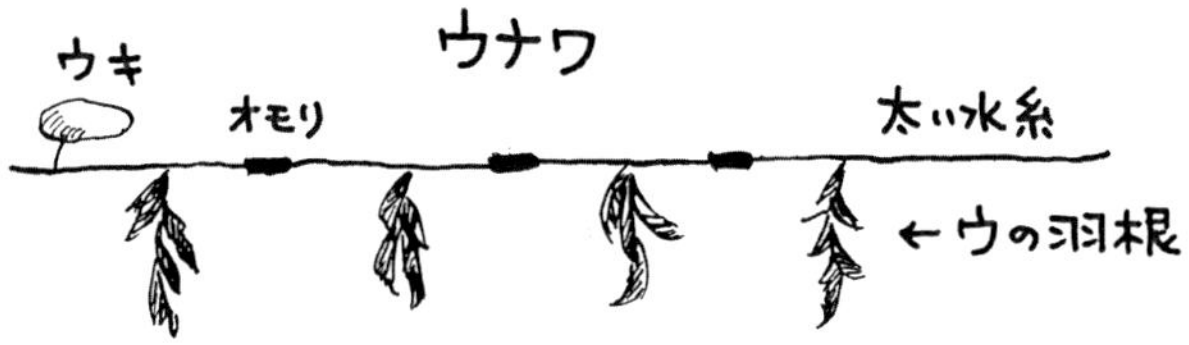
ウナワ
ウキ
オモリ
太い水糸
←ウの羽根

ウナワ漁

おもにアユをとるため、8月上旬~8月下旬に行われた方法である。通称ウナワヒキ。または鵜縄とよんだ。

ウナワは、径4~5ミリの水糸に、ウ（またはカラス）の羽をずらりと付けた。長さ50メートルほどの綱である。羽は40~50センチ間隔に付けられ、その間に板鉛を錘として巻いた。羽がうまく水底をこすっていくようにする。中央部には数本2～3メートルの細い水糸を付け、先に竹片をつけ浮き目印とした。これによって、ウナワの状況がわかる。これを使って、上流部から下流へとアユを追い立てるのである。

下流で待ち受けるのは大きな三角網である。二本の大きな真竹を使う。竹の基部を縛りそれを開いて三角網を取り付ける。三角網の前辺は太目の水糸である。目立たなく、水の抵抗も少なく、丈夫である。それに、持ち運びも容易である。作り方によって異なるが、開口部は5～6メートルはあるだろう。

三角網の待ち受け人は上流に向かって網を下ろし、要の部分を持って、網が流されないよう確保して待つ。流れの強さは、緩やかに見えても、かなり強いものだ。

上流に向かったウナワ引き係の二人は中央部で左右に別れ、大きくウナワを広げながら、川下に向かって駆け下る。最終目標は三角網の両端だ。腰までの水の中を流れより速く駆けるのだ。滑らないよう、危険なものを踏まないよう足はわらじ履きだ。

かくして、三角網の両端に着いた二人は、急いでウナワを引きたぐる。ウナワの中ほどに取り付けた浮きがこのとき大事な役目を果たす。浮きの寄ってきた位置によって、網を上げるタイミングが分かるのである。早すぎても、遅すぎてもいけない。経験と感である。「ホイッ」と掛け声とともに二人は網の両端を持ちあげる。中には、銀色のアユが踊っている、という寸法である。

なにしろ、アユは利口ですばやい。のろのろしていると、これは偽物だ、わなだと見破ってしまう。ウが来たとあわてふためいている内に網に追い込まなければならないのだ。

ウナワ引きをするには、体力、川底の様子、アユの習性、流れの状況など熟知していないと成果はあがらない。深みにはまったら万事休すである。それに、期間は八月中と限られている。なぜかといえば、八月を過ぎると、水温が急激に下がってくる。「お盆を過ぎたら、川に入るな。」とは、昔からの言い伝えである。お盆を過ぎると子どもたちの水浴びは、めっきり少なくなったものだ。からだを冷やす、体に良くないと祖父母からよく叱られたものだ。

九月～十月は台風シーズンである。台風が来れば、川は氾濫する。川の流れや川底の様子はすっかり一変する。川の状況が比較的落ち着いているのは、七月下旬から八月末頃である。したがって、ウナワ引きは、このころ行われるのである。けれど、こ

ウナワ
（福島良雄氏蔵）

の季節には、アユの大部分は上流に上っている。中流域にとどまっているのは少数である。アユの好む珪藻の付いた石のある所は限られる。水流があり、砂やのろ（汚泥のようなもの）の付かない場所である。しかも、このころのアユは、単独行動である。散らばっている。ウナワで取れる量は、けっして多くはない。一回のウナワで5〜10匹入れば上の口であろう。けれど、それだけに希少価値があり、珍重されたのである。

ウナワ漁は昭和三十年代後半まで続いたと思われるが、その後は絶えてしまって、現在は行われていない。ウナワは、廃れてしまったが、それに代わって本物のカワウ（川鵜）が大集団で現れるようになった。

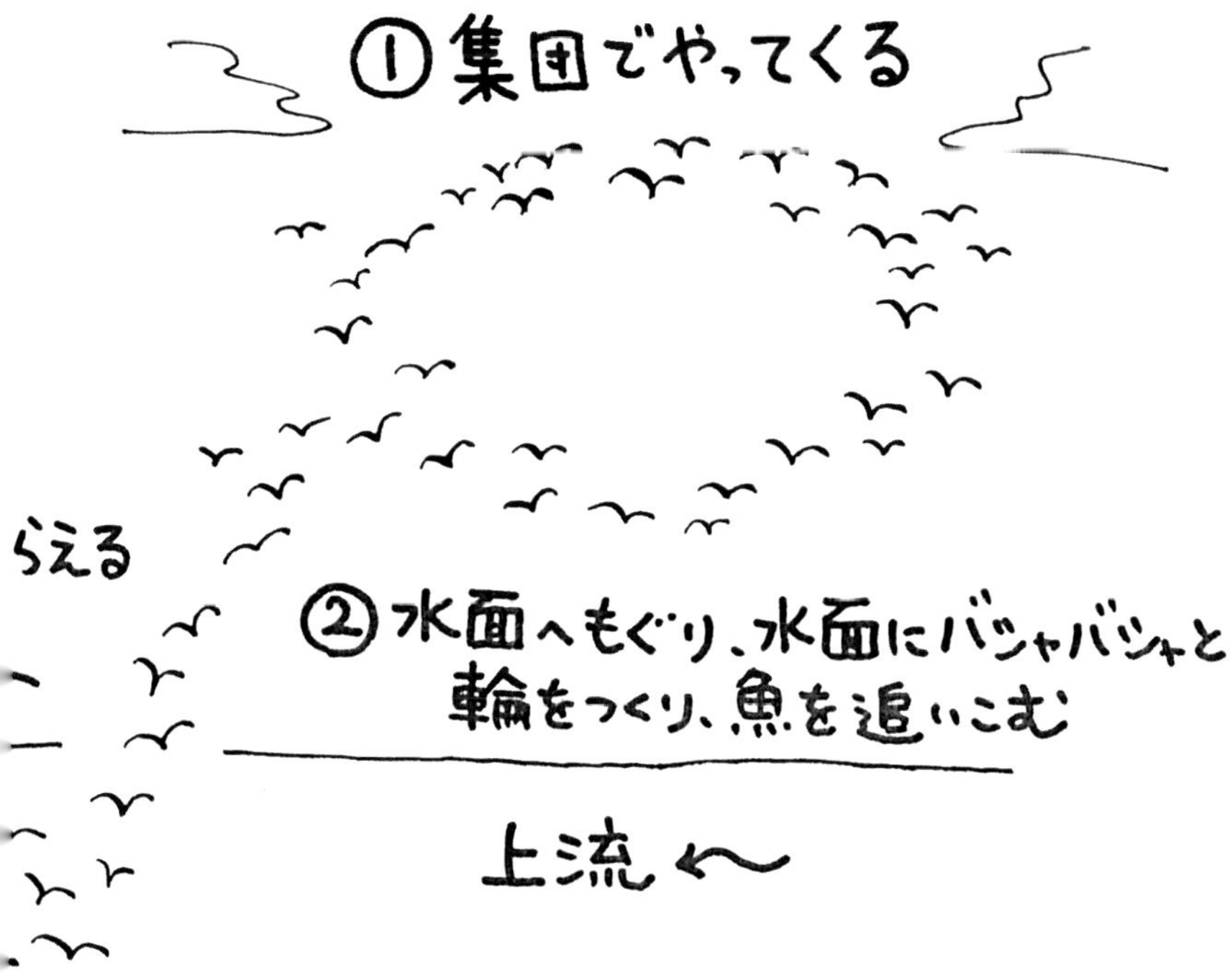
①集団でやってくる
らえる
②水面へもぐり、水面にバシャバシャと
輪をつくり、魚を追いこむ
上流

初夏、アユの遡上が始まる頃から、アユの産卵の終わる頃までやってくる。数百羽などざら、時には数千羽と思われる集団がやってくることもある。川の魚を求めてやってくる。朝になると南東の空より現れ、夕刻になると帰っていく。戦前や戦後にもカワウはいたが、こんな大集団が見られるように

④
次のエサ場へ
③輪を狭めて、
一勢にもぐり、魚を
下流
逃げた魚をねらうシラサギ

なったのは、平成になってからではないだろうか。

カワウは魚とりの名人である。流れの緩やかな開けた水面があると、大きな輪を、描き始める。順々に水に降り大きな輪を作る。一重二重とぐるぐる回りながら、バシャバシャと水音を立てる。同時にギャーギャ鳴声をたて、しだいに輪を縮めていく。ある程度縮んだところで、一斉に水にもぐって獲物を捕らえる。捕らえ終えると、順に飛び立って次の漁場へ向かう。見事なものである。カワウの集団の後ろには、たいてい数十羽のシラサギの群れが付いている。川下にいて、カワウのおこぼれを狙っているのである。

ウナワ漁はカワウの漁の様子をみて考えだしたものであろう。カワウは先達だったが、しかし多勢でやってきて、アユをはじめウグイ、ハヤ（主にオイカワ）その他小魚を食べてしまう。一羽のウは一日に約６００グラムの魚を食べてしまうそうだ。全体としては膨大な量である。川魚の生息数の減少の一要因になっていると考えられるのである。

投網《とあみ》漁

投網は、目的とする魚種によって、大きさは異なる。コイなどの大型魚用は大きく、小魚用は小さい。今では、完成品が漁具店で、容易に手に入る。

かつては、投網は手作りをした。木綿糸、または絹糸で手編みである。上から編み始め、次第に網目を増やしていく。最後にふところ（投アミの下部の袋状になっているところ）を付ける。下錘は鉛を溶かして作る。完成すると、柿渋の中に浸して丈夫にする。一つ作るにも、相当の忍耐力と労力と時間が要った。投網のことをよく知っている経験豊かなお年寄りが、縁側で暖かい冬の日差しを浴びながら、網をすいて（あんで）いる様子が、いまも目に浮かぶ。

戦中、戦後は極端な物資不足である。網を作る余裕はなくなったが、たんぱく質補充のため、古手の網を修理しながら漁は続けられた。

投網は、一見、簡単に誰にでも打てるように見える。網を花火のようにパーッと開いて魚を採る。まことに格好良く見える。

しかし、そうは問屋は卸さない。やってみると、円形に開くはずが、ドボンと手前に落ちてしまう。何度やってもメダカ一匹取れない。

円形に開いて魚が入るようになる、更に自分の思う壺に投げられる、こんな腕前になるにはそれなりの修行が必要だ。

好きこそ物の上手なれである。大金をはたいて投網を買ったものの、すぐに諦めてしまう者が多いようだ。努力を重ねる者のみに投網は醍醐味を味合わせてくれるのである。

舟の投網《とあみ》漁

舟で移動しながら、舟の上から投網を投げるやり方である。ここぞと思うポイントに舟を操り、主にコイなど大型魚を狙って行う。

一見、移動や網打ちが楽そうにみえるが、難しい漁の一つである。初心者には無理である。何しろ、舟は水の上に浮かんでいるのである。ぐらぐらと揺れ、不安定である。静水域と違い、場所により渦巻く急流もある。立っているのも、慣れない者には難しい

投網打ちの舟には、通常、足場を安定させるため、へさき部分に平らな板が取り付けられる。その上から打つのである。しかし、下手をすれば、投網もろとも自分も落ちてしまう。

投網の引き綱は、通常、手首に巻きつけてある。そのため、急流や、深場に落ちたら、命取りになる。

一人では、絶対危険である。ともに舟を操る者が必要とされる。

船の上から見る利根川

昔は、舟の投網漁は熟練の漁師が行っていたのである。今日では川舟もほとんど見かけなくなり、モーター船になった。舟ではなく船である。舟の投網漁は殆んど見られなくなった。

スズキの投網《とあみ》漁

スズキ、今では東京湾などで、ルアー釣りのよいターゲットになっているが、昔はこの地区（妻沼町間々田、現・熊谷市）の利根川にも生存していた。銚子の河口から、およそ１６８キロである。おそらく、生きたスズキを目にした者は現今、稀有であろう。川下に大きな堰が作られて以来、姿を消してしまったようだ。

スズキの投網漁の様子を記す前に、昔のこの地区の利根川の様子について記しておきたい。

戦後この地区に新しい堤防（現在は強化堤防）が作られるまでは、川に向かって、堤防より直角に水勢止めが出来ていた。今でもその名残が処々に残っている。

太い鉄線で編んだ蛇かごに玉石を詰め、それを川に向かって長々と伸ばし、その両脇にコンクリートの柱を立てたり、水勢の強いところは斜めにコンクリートの柱を交差させ、そのうえに、四角のコンクリート柱が横に並べられていた。地元では、水勢、または、イノコ、と呼んだ。（「イノコ」は4～5頁の図参照）

部落の一番上手《かみて》の裏は、支流小山川が本流と合流する所で、上流からきた右岸利根川の堤防はそこで切れている。突端はセメントで固められている。セメン土手とよんだ。小山川右岸の堤防はそこから利根川の堤防として下流に続く。

イノコは、セメン土手の下手《しもて》の一号から始まり、隣り部落の裏まで、十有余あったろう。我が家の裏は、七号であった。七号は不思議なことに石張りだけだった。当時は水が土手下まで来ていたので、水かさが増してくると、水の下にもぐってしまうことが多かった。石張りだったので、小魚の良い住処でもあった。

七号の長さは30メートル以上あった様な気がする。九号はさらに長く、十号などは百メートル以上川中に突き出ていた。長い、イノコ、「長イノコ」と呼んだ。その先端は強い水流があたり、大きな渦を巻いて、川底を削り、深くなっていた。深夜になると、その水音は我が家にまできこえてきたほどだ。

この荒々しい場所こそ、スズキの生息場所であったのだ。

小学校3〜4年頃。隣家のおじさんにスズキとりに連れていってもらった。勿論、舟の中で静かに座っているだけだ。おじさんは、魚とりの名人だ。上流より十号の先端に近づく、渦を巻いている、その下の深場をめがけて網が大きく広がる。舟はぐるっと半回転する。おじさんは上手にイノコの下に舟を寄せる。

「いたぞ」つぶやくおじさんの声、大物の手ごたえなのだ。投網《とあみ》をすぐにひっぱり上げず、ぐるぐる捻じった。十分に巻いてから、ぐっと、たぐり上げた。中に、三尺(1メートル)もあろう銀色の魚体が跳ねていた。

「さわるな」大きな声が飛ぶ。スズキは鋭い歯を持っていると同時に、背びれ、むなびれはナイフのように切れるのだ。おじさんは、舟の中に用意してあった丸太棒で、ポカンとスズキの頭を殴った。白目を剥いておとなしくなった。子どもの頃の強烈な思い出である。

スズキ漁は、永遠に途絶えてしまった。

投網《とあみ》によるコイ漁

三月中旬、白モクレンの花が咲くと、コイが上り始める。この頃から五月中旬頃まで産卵期を中心とした期間が最も適期である。特に雪しろ（雪解け水）がやって来ると川岸の葦やマコモの足元が水に浸かり、格好の産卵場となる。

一つのメスに数尾のオスが付いてまわる。メスはバシャバシャバシャと大きな水音をたて産卵する。間髪をいれず、その卵におすはしらこをかける。夢中である。

しかし、この時は、コイにとっては一瞬の油断である。人間という天敵が待ち構えているのだ。産卵に来るのをじっと待っていた人間が、投網を打つ。網の中には、一尾（本）ならず、数尾のオスまでが、それはないよ、と恨めしい目つきで入っているのである。

産卵が盛んに行われるのは、一シーズン中幾日もあるわけではない。天候に左右される。暖かい、風のない、午前中である。後は単発的なものになる。日中は天敵の姿がよく見えるからであろう。したがって、産卵に来る場所を見極め、来るのをじっと待つことが肝要となる。

　支流の小山川にも産卵期のコイは入り込む。日中は警戒して、遡上するのは少ない。人影が無ければ入るが、日没頃より八時頃が主である。川岸に身を潜めていると、波を蹴立てて来る。手元に来た時に網を打てばよいのである。

　近年、コイを取る人は、少なくなった。後始末に困るのである。さばける人は少なくなったのである。コイは増え、巨大化してきた。昨年(二〇一六年)に、タモ網で取ったのは、13キロもあった。

大物のコイ
とても重く、網を持ち上げるのに大変苦労した。

投網《とあみ》によるアユ漁

昔は、投網によるアユ漁が行われたが、近年は殆んど行なわれなくなった。浅瀬で行うのであるが、アユは敏捷な魚である。人影が映ればさっと逃げてしまう。うまく被《かぶ》せたとしても、普通の投網のように網を引けば石の間に頭を突っ込んで逃れてしまう。網を打った後、網の中を仔細に点検しなければならない。もし、アユがいたら一つずつ取り出すか、投網の袋に入れなくてはならない。それから網をたぐるのである。あまり効率は良くないので、最近は所謂、投網によるアユ漁は少なくなった。

投《な》げ網《あみ》によるアユ漁

最近は、投げ網が多く使われるようになった。投げ網は刺し網を10メートルぐらいに短くしたようなもので、手軽である。これを上流に向かって、扇形に開くよう投げる。下流からアユを追いたて、その上流に投げるのである。

投げ網は一種の刺し網といえるだろう。下流から追い立てられたアユは上流にむかって逃げる。そして網の目に頭を突っ込む。投網と違って軽く、扱いやすい。ここ数年来流行ってきた。よその川では盛んに行なわれていたようであるが、この地区では十数年前までは行なわれていなかった。利根川は、川幅が広いので、適した場所が無かったからであろう。魚体の密度が低いので、うまく群れがやってきたときに投げないと、あまり成果はあがらない。通常は何匹か入れば上の口であろう。主に産卵期にアユが群れた時が好機である。

刺《さ》し網《あみ》によるアユ漁

刺し網は最近よく使われる。特に産卵後期のアユが流れの比較的ゆるい淀《よど》（ワンド）に入るようになったり、夜間岸辺の水のゆるやかな場所に入るようになったら、仕掛けるのが効果的である。しかし、産卵後なので、魚体はよくない。夕方仕掛け、朝あげる場合など弱った魚体が多い。いわゆるオットレアユが多いのである。

元気なアユを取ろうと、産卵場所の瀬や、その近くに網を張る者もいるが、これは違法であり、アユを絶やさないためにも産卵場所の一網打尽は慎むべきことだろう。瀬網は厳禁されていることを心得べきである。

刺《さ》し網《あみ》によるコイ漁

コイの産卵期（三月下旬～五月）、または一年を通して行なわれる。網目の大きな刺し網で淀《よど》に仕掛けたり、産卵期に岸に沿って斜め張りをする。魚体が大きいので網にかかると、浮きが大きく動き、すぐわかる。大きなタモ網で取り入れる。

最近は、コイは魚体も大きくなり、数も増えたので、取れすぎて困るようである。さばける人は少なくなり、もらっても困るのである。地域の人の大切な栄養源の地位はすっかり落ちてしまい、刺し網漁もしだいに少なくなった。

刺《さ》し網《あみ》によるフナ、ハヤ漁

フナのササリ漁。主に水辺に氷の張る頃に行なった。今は行われていない懐かしい漁である。イノコとイノコの間の藻や水草のある、水深50センチ〜1メートルの場所でフナ（真ぶな）が隠れているところで行なう。舟を使って、ササリ（刺し網）で取り囲む。その中に舟を乗り入れ、ヤスを使って突いてとる。

フナは頭を藻に突き入れているが、頭隠して尻隠さずの言葉どおり、上からは見えてしまう。逃げても最終的にはササリに刺さってしまう。昔はフナの甘露煮として、正月の必須品であった。

現在は、マブナの姿はすっかり見られなくなってしまった。不思議な現象の一つである。

ハヤのササリ漁。夏場におこなわれる。対象魚は主にオイカワ、クチボソなどである。ササリの目にささっている魚をはずすのが大変であり、現在はあまり行なわれない。

利根川のハヤ

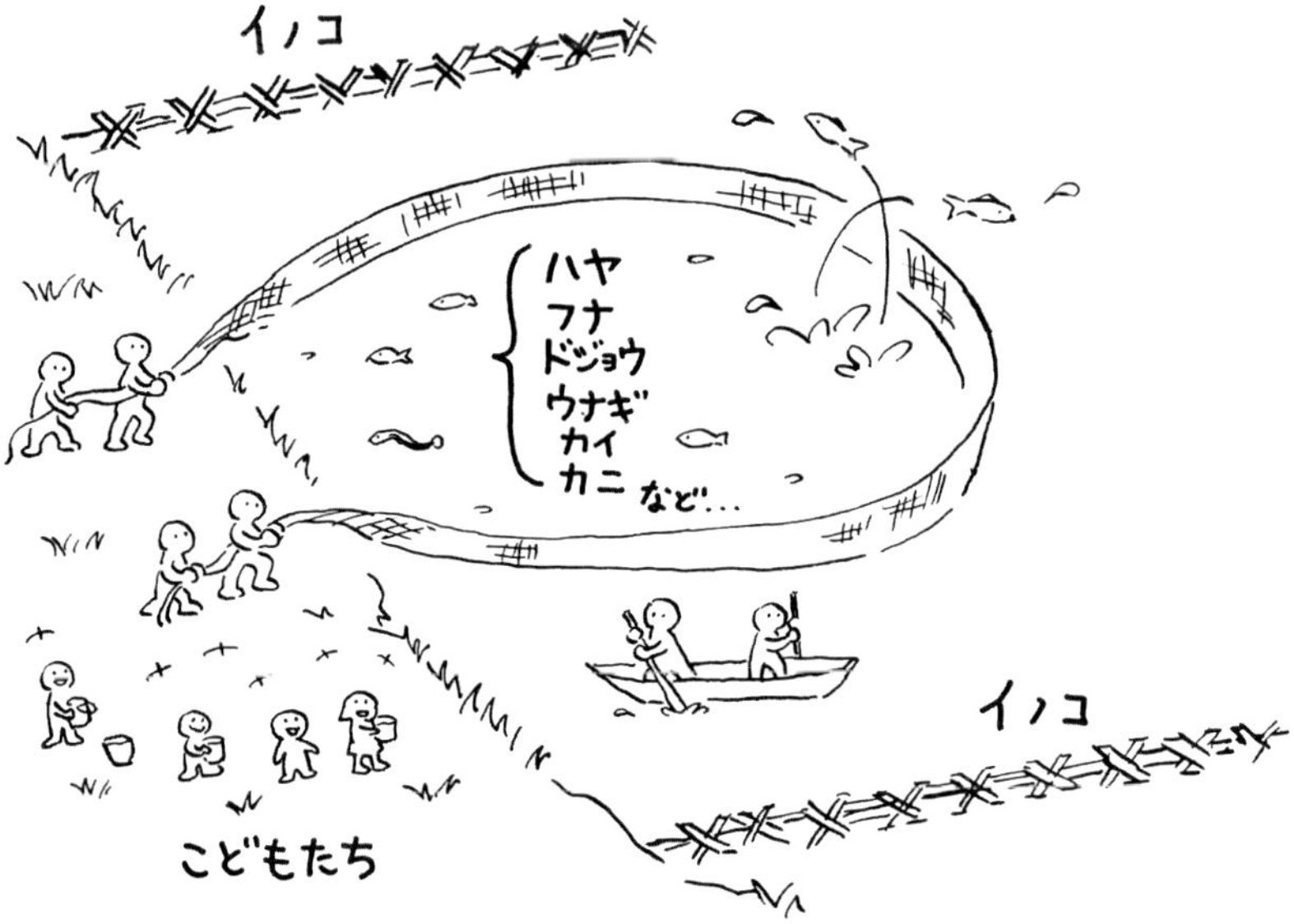
イノコ
ハヤ
フナ
ドジョウ
ウナギ
カイ
カニ
など…
イノコ
こどもたち

地引網

戦前の昭和一六年以前、小学校時代の経験である。ここ利根川河畔の部落には川漁によって生計を立てる家があった。職業とはしないが細々と魚をとって生計の足しにする家もあったが、地引網はおもに、この2軒によっておこなわれた。

当時は、川底が今より上がっていて、裏の堤防のすぐ下まで水がきていた。そして、川の流れに直角に何本ものイノコ(水勢止め)が突き出ていた。上流から一号、二号～と呼ばれていた。特に、三号から七号の間は水勢が緩やかで、地引網には適していた。

地引網は何人もの人手が必要である。また、地区の人や、特に子どもたちにとっても興味深い一大イベントであった。地引網を引くという話が伝わると大勢の見物人が集まった。

網でワンドを大きく取り囲み、その中にいる魚を一網打尽にするのである。当時はボラも沢山いた。逃げようと、囲んだ網を飛び越そうと空中に跳び上がり、網の周りに並べられている舟の中に落ちるのもあった。コイ、フナ、ハヤ、ナマズ、ウナギ、ウグイ、種々雑多な魚である。

最後にたぐり寄せられた網中には魚のほかに、泥とともに沢山のカワニナ、タニシ、おおきなカラスガイ、シジミ、さらにはヤゴ、タガメ、ミズカマキリ、ゲンゴロウ、ミズスマシなどがいた。これは、子どもにとっては宝物である。持参のバケツに入れて持ち帰ったものだ。

今はこのような水中生物は、残念ながら、殆ど見られなくなってしまった。カワニナがいなくなり、ホタルも見られなくなってしまった。

地引網と年越しアユ

地引網は戦後、戦前のような大掛かりなものはなくなったが、長さの短い一人でも扱えるのは残った。ハヤ（ウグイ、オイカワ）、フナをとるのに使った。

昭和の時代の終わりごろ、今から四十数年前のことである。正月も過ぎ、川のあちこち氷が張っていた。河原には砂利とり船が砂利を取ったあとの大きな、すり鉢状の穴があって、水をたたえていた。中央部は深さ2メートルはあるだろう。水はきれいである。

フナの甘露煮用にと、長さ十数メートルの地引網を入れた。中央部は深いので網は底へ沈んだ。静かにたぐりよせると、なんとフナではなく、立派なアユが5〜6匹入っている。

大きく、丸々と太っているではないか。寒《かん》の最中にアユが取れるなんて、驚きである。

アユは通常、十月下旬ごろまでに中流域で産卵を終え、一生が終わる魚であると言われ、稚魚は海へ下り、翌春、川を遡り、上流域まで行き、秋には中流域の産卵場所に戻ってくる。そして、一生を終える。一年魚である。

昔、古老から年越しアユのいることを聞いたことがあるが、信じがたいことだった。けれど、真実であった。なぜ年越しアユがいるのだろうか。

植物の種子も百パーセント翌年に芽を出すのではない。幾つかの種子は数年後に発芽するように仕組まれているのだそうだ。自然環境の変化によって種の保存に危機が生じたときの用意である。

アユも同じであろう。産卵しても洪水で流されて全滅してしまうかも知れない。人工的構造物で稚魚が遡上できなくなるかもしれない。年越しアユは、厳しい環境の中で種の保存のための策なのであろう。

年越しアユのいた所を見てみよう。人為的に掘られたところとはいえ、穴の中は砂利層で水が湧き出ている。小石には緑のきれいなコケが付いている。流れも無くおだやかである。アユが生存するための条件がそろっているように思われる。

六月のアユ

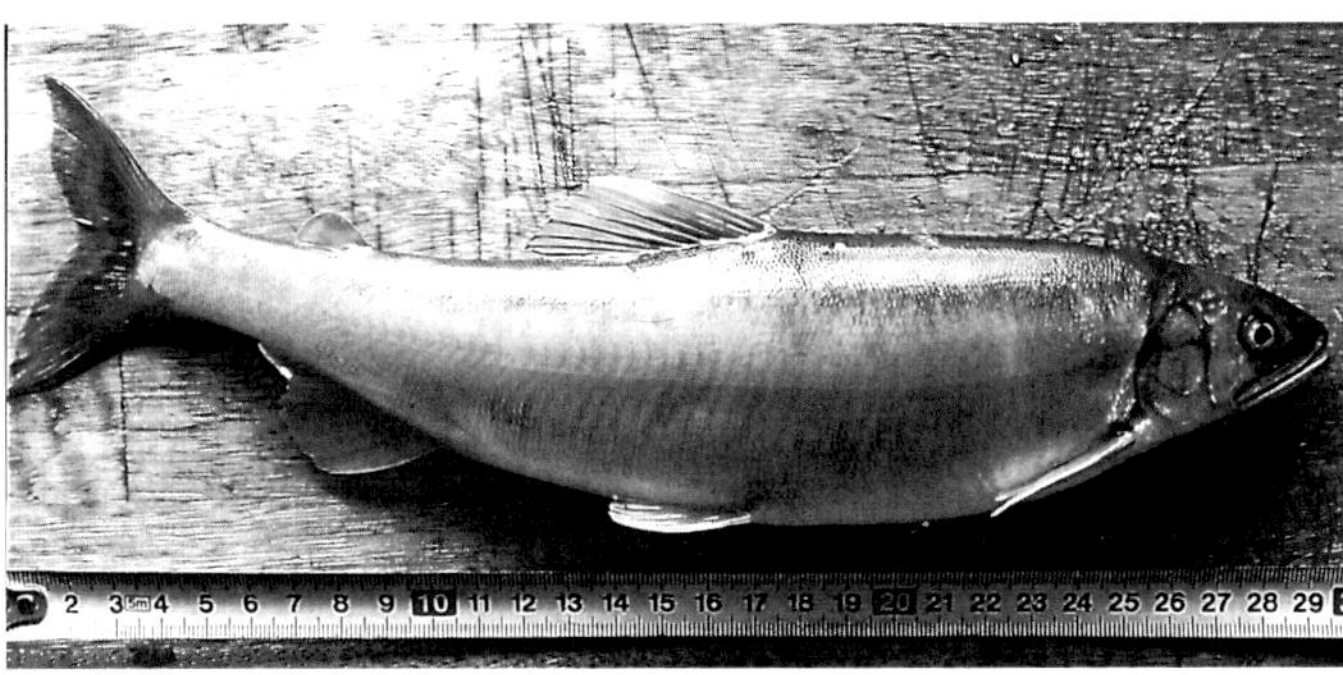

十月のアユ

当時は、そうした場所が幾つか見られたが、その後砂利採り船は無くなり、穴も洪水で埋まってしまった。今は年越しアユがいそうな所は無い。利根川のどこかで生存していることを願うばかりである。

三角網

半円形の雑魚をすくう網である。前縁は直線状、後縁は丸型。中央に竹ざおを取り付ける。

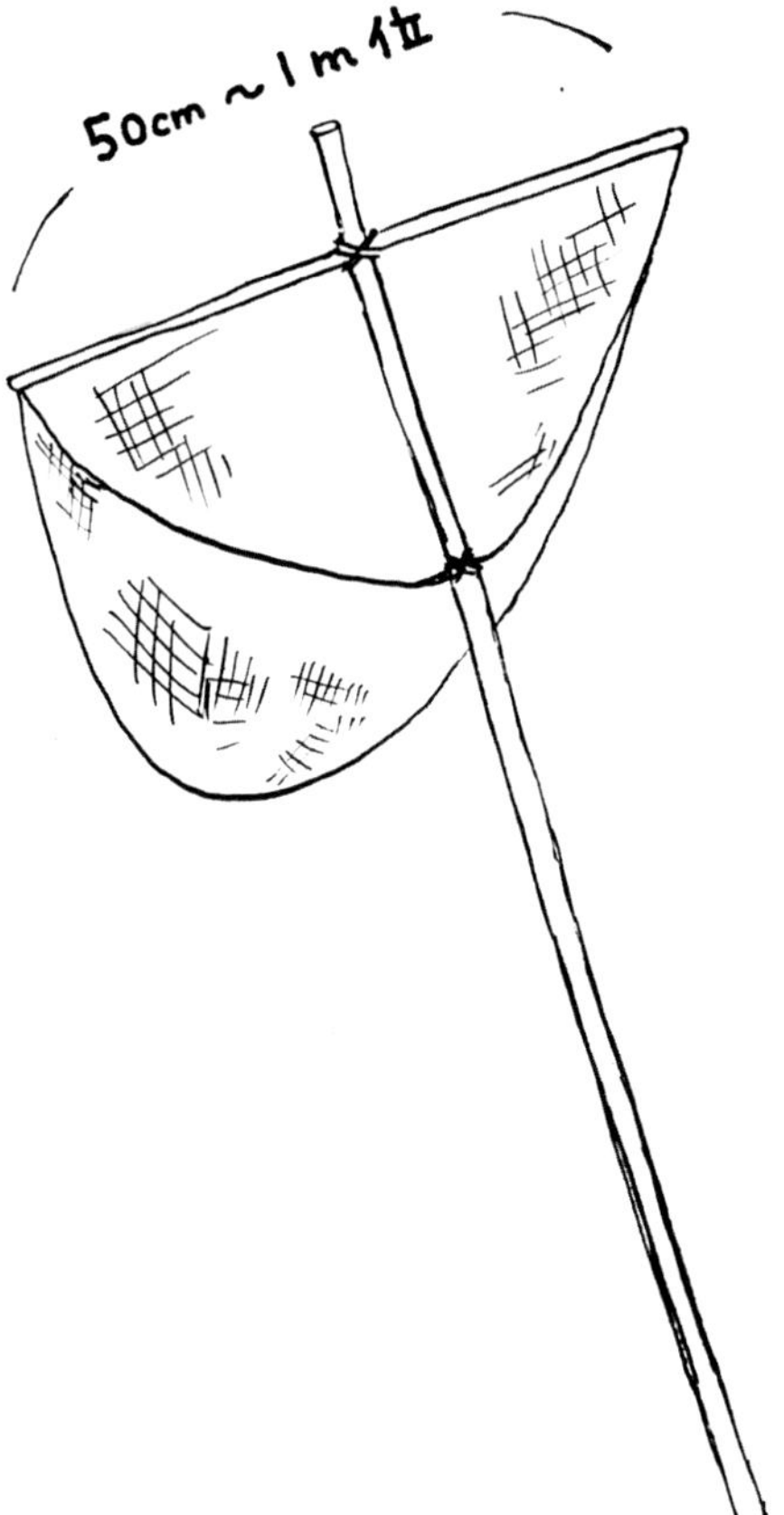

藻の下や水草の下にいる小魚やエビをすくうのであるが、この地区では特に三角網が大活躍するときがあった。

それは川が増水したときである。

特に、上流に台風などで、大雨が降って急激に水位が上がってくる時はチャンス到来である。三角網とバケツを持って出動だ。水かさが見る間に増して、堤防の小段を越え、中段に迫ってくる。

濁流に流されまいと、川中にいた魚たちは堤防際に避難してくる。そこを掬い取るのだ。フナ、コイ、ハヤ、ナマズ、ドジョウ、タナゴ、ドンキョボウ等々。

減水しはじめると、魚たちは、沖へ出てしまう。増水時がチャンスなのである。土手の上は魚すくいの人や、濁流を見に来た人たちで、結構な賑わいであった。

ここで言う三角網は、このようにとんでもない時に使う三角網のことである。田んぼの用水路や、小川で使う小さなものではない。利根川の源流域に降った雨の影響が出てくるのはおよそ6~10時間後である。台風一過、青空も出てくる頃である。川はどんどん増水してくる。待ちわびたチャンス到来である。このとき使う三角網のことである。

勿論、避難指示も無い時代のことである。魚掬《すく》いなどたやすい事のほうで、なかには濁流荒巻くなかに舟を漕ぎ出し、流木拾いに精を出す猛者《もさ》もいたほどである。台風の大水さえチャンスととらえたこの気概はなんだったのだろうか。

今は、増水した川には近づかない、様子を見に行かない、魚掬いなどとんでもないこと、となった。三角網の出番は失われてしまった。

利根川の増水時の様子
大水が出るたびに、河川敷はその姿を大きく変えてきた。

四手網《よつであみ》

四手網は、四角い網の対角線に曲げた竹を十文字に組んで、曲げた竹の下に四角形の平らな網を取りつけ、中央に長い竹ざおを取り付けた漁具である。形は、一辺、一メートルから数メートルのものまで様々である。

上げ下げは、滑車や動力を使ったものまであるが、この地域では、大きくてせいぜい一間～一間半（約2～3メートル）の大きさで、手で引張り上げるものだった。四手網は、流れが緩やかで、魚が上ってくる岸辺に仕掛けられる。設置場所は限られた場所や、季節によって制約を受ける。春先に雪しろ（雪解け水）が来た時など、好機であった。魚種は雑多であるが、ときには、コイ、ナマズ、ウナギ、レンギョの入ることもあった。（戦前）

今日では、四手網は雑魚とりに、市販の1メートル程度のものが使われるくらいで、目にすることは少なくなった。

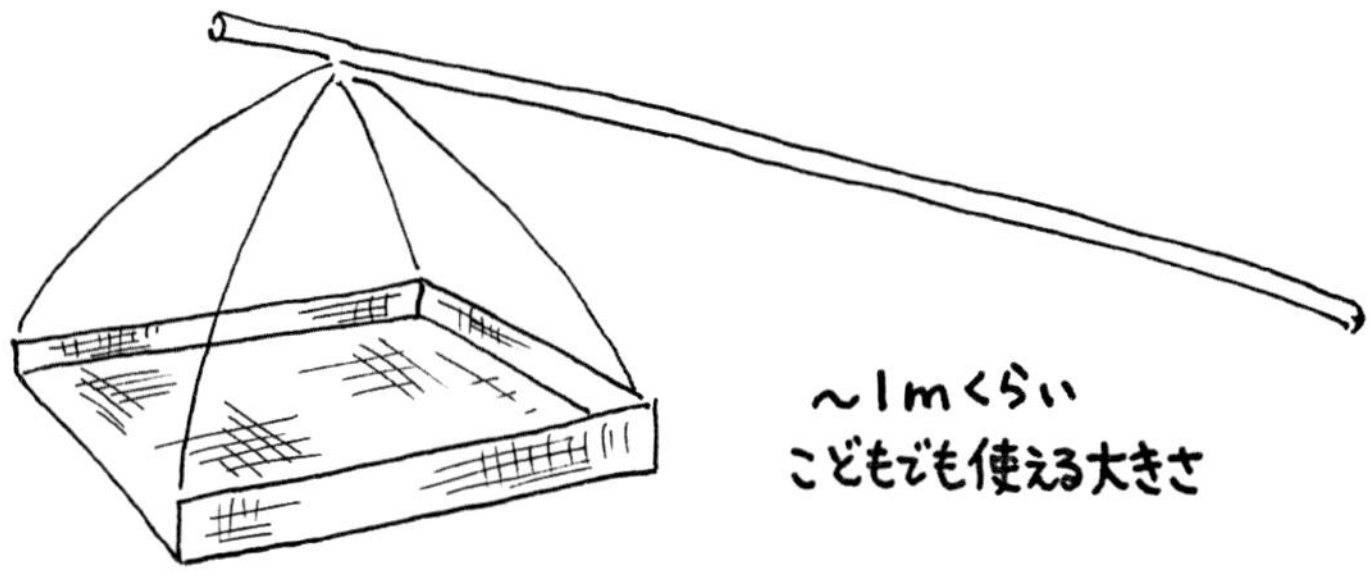
～1mくらい
こどもでも使える大きさ

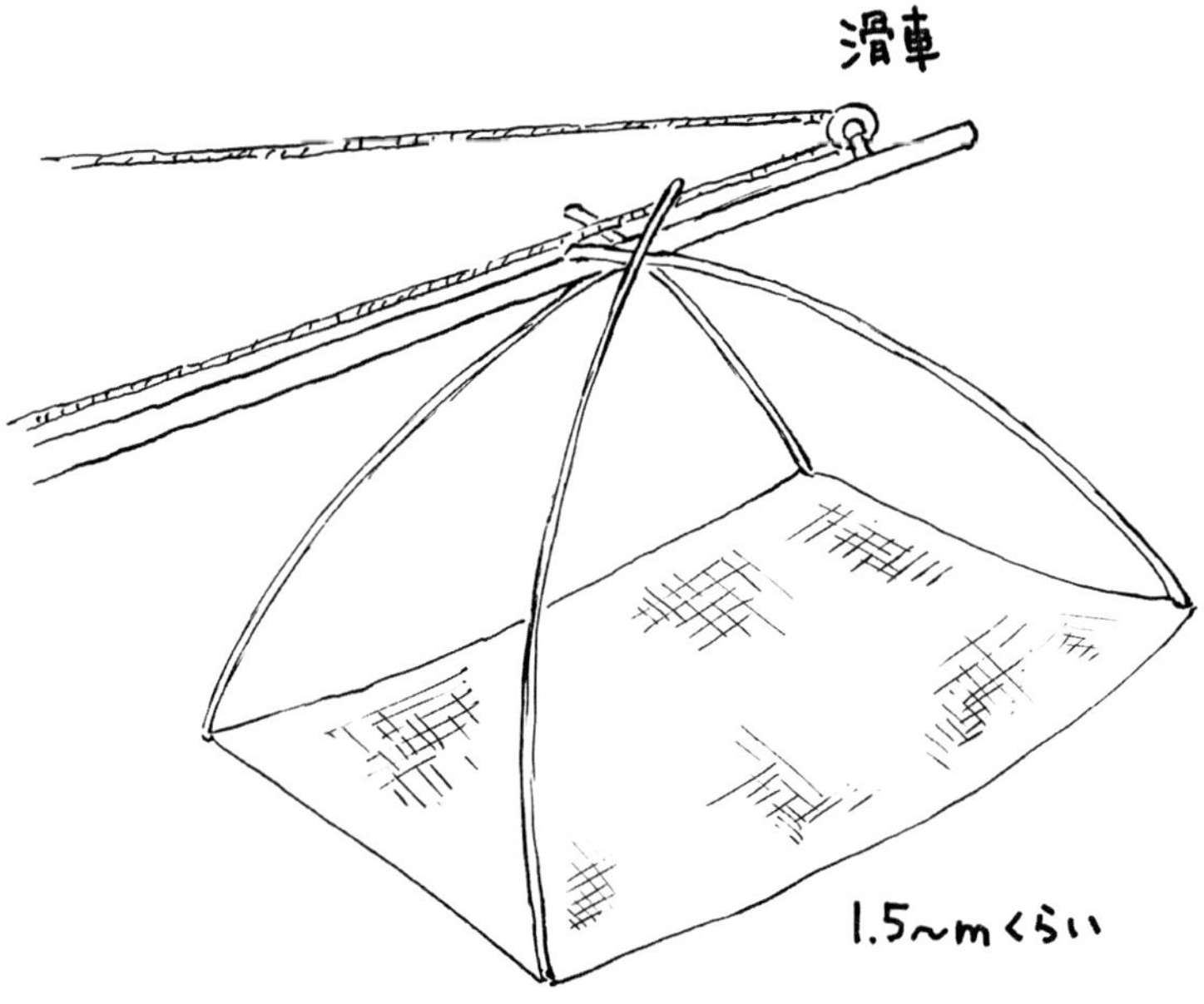
滑車
1.5～mくらい

ウナギかき

冬季、ウナギが冬眠のため、泥中にもぐっているのを、次図のような道具で、引っ掛けて取るのである。舟をつかわなければならない。

ウナギかき

流れの静かな淀など、水底に泥が堆積しているところで（深さは1メートル以下）、ウナギの冬眠に適しているところである。ウナギがいるか、いないかを判断することは一朝一夕にはいかない。水底をよく観察し、ウナギが呼吸するための小さな穴の開いているかどうかを見つけなければならない。うまく見つけられれば、舟を固定し船べりに沿って、泥中を掻く。てごたえがあったら、すばやく舟中に落とし込むのだ。

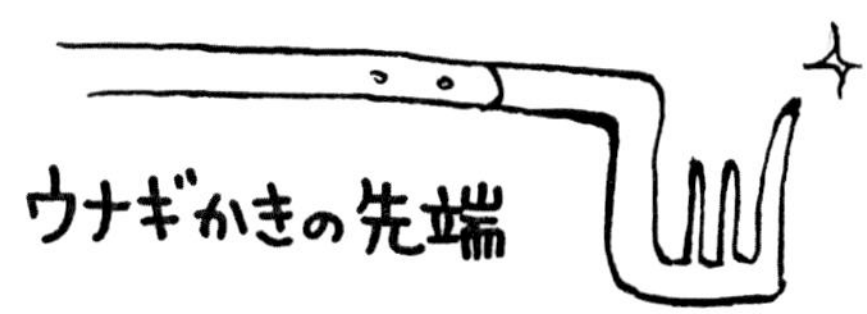

ウナギは集まって越冬しているので、場所さえ見つかれば結構、とれたものである。（戦前）

今では、川の自然ウナギは、減少の一途をたどり、海からの遡上も少なくなり、ウナギ漁は禁止されそうな気配になってきた。ウナギの越冬するところもなくなり、ウナギかきをすることはなくなった。

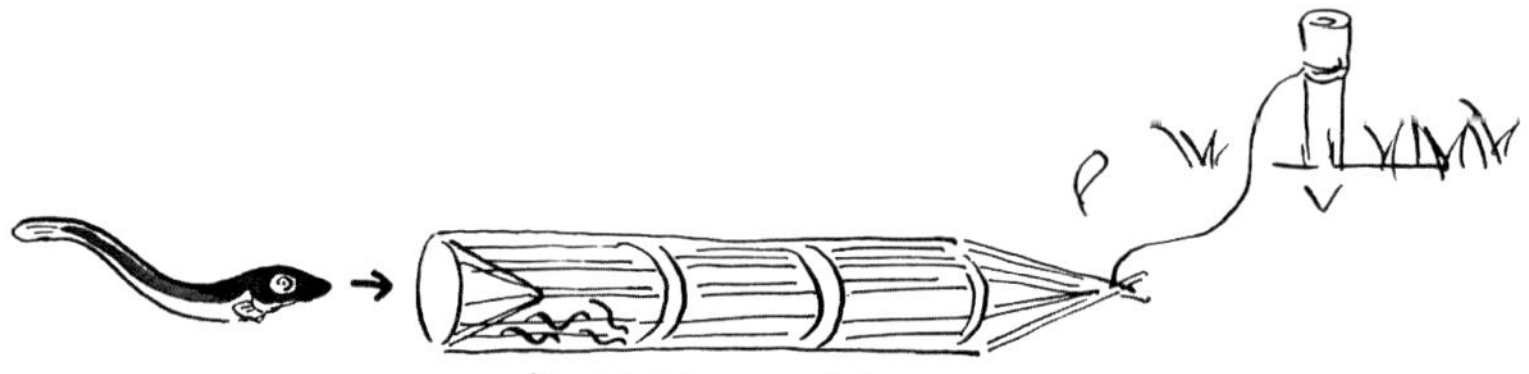

ウナギうけ

ウナギは、細長いところに入る習性を持っているので、それを利用して捕らえようとする竹製の漁具である。長さ、約1尺8寸（約50センチ）、直径3〜4寸（約10センチ）ほどの編んだ籠である。中に、ウナギの好物の太（ウタウタ）ミミズとミズゴケを入れる。入ったら出られないように入り口にトラップをつける。（図参照）

ウナギは夜行性なので夕方仕掛け、早朝あげにいく。

現在は竹製のものは高価で手に入りにくく、プラスチック製のものが出回っているが、昔ほどウナギうけを使う人はいなくなった。

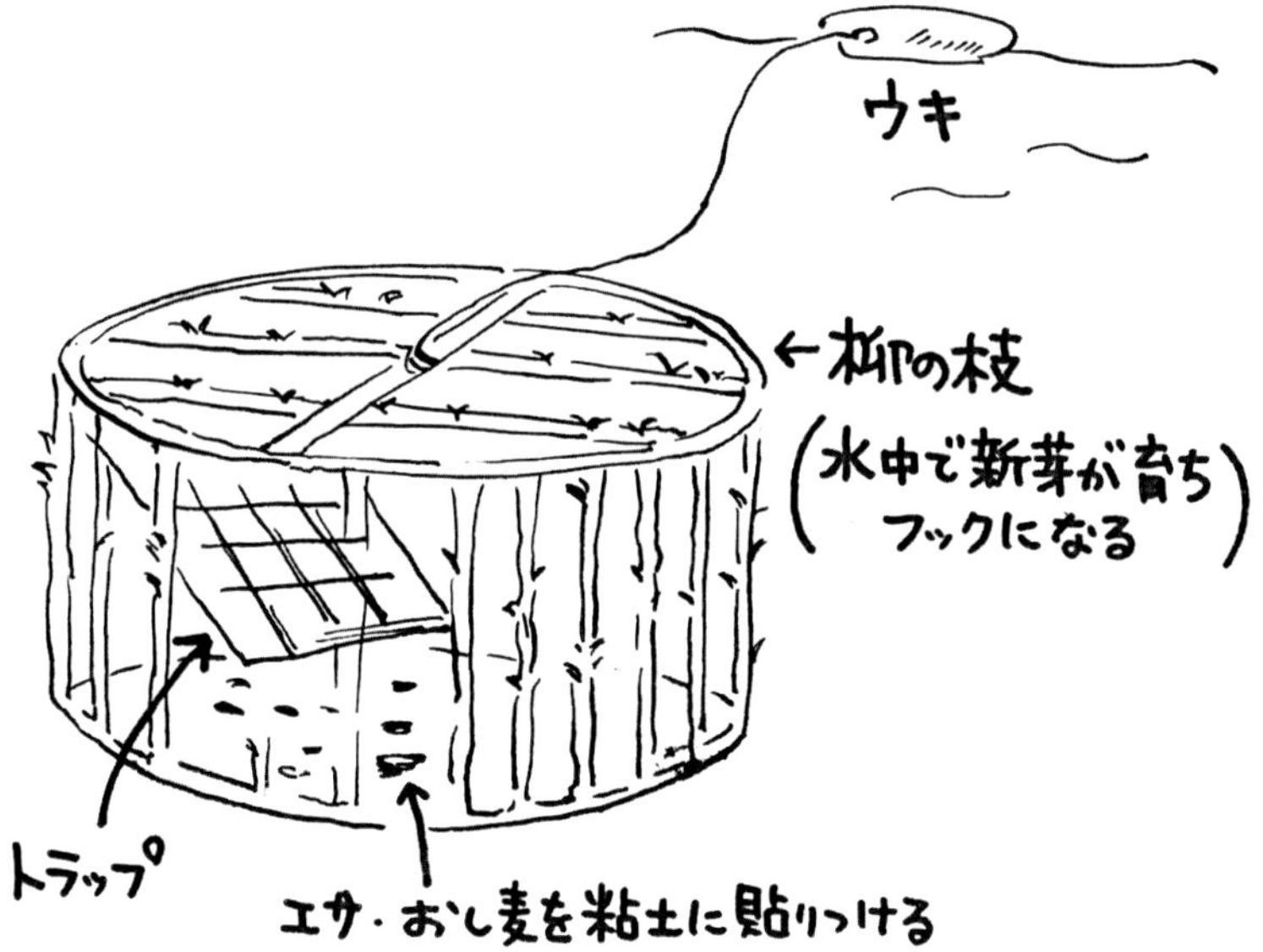
ウキ
←柳の枝
(水中で新芽が育ち
フックになる)
トラップ
エサ・おし麦を粘土に貼りつける

やなぎうけ

河原には、柳の木が多い。この枝を利用してうけを作る。主にコイをとるのに使った。流れの緩やかな深い場所におく。現在は柳うけを作ってコイをとろうなど思う人は誰もいないであろう。戦前まであった。

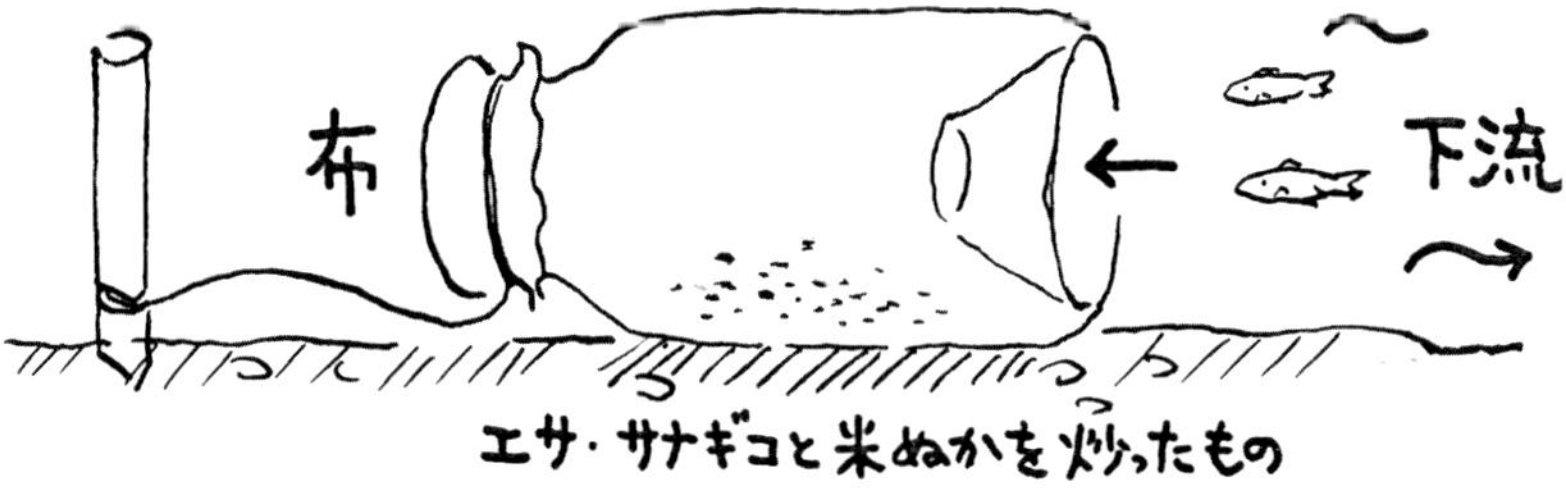
布
下流
エサ・サナギコと米ぬかを炒ったもの

ガラスうけ

主に小魚を捕るのに子どもたちが使った。

昔は、ガラス製のうすい製品なので、石など硬いものにぶつけると、すぐに割れてしまう。少ない小遣い銭をためて、やっと手に入れ、わくわくした気分で、いざ、水中に仕掛けようと、水にいれたとたん、底の石にこつんとあたって、割れてしまった。その時の泣くに泣けない何ともいえない気分。一瞬にして、明が暗に。その強烈な感覚はガラスうけで、子どものとき、小魚を捕ろうとした者は、一度は味わった感覚ではないだろうか。ことを成すには、些細なことにも、十分注意を払わなくてはならないという、基礎的な知覚。それを知らずものがのうちに体験させてくれた出来事でもあったのである。

ウグイ

オイカワのオス

今は、プラスチック製になり、割れることはなくなった。この漁をする人は少なく、一部のお年寄りがやる程度であろう。

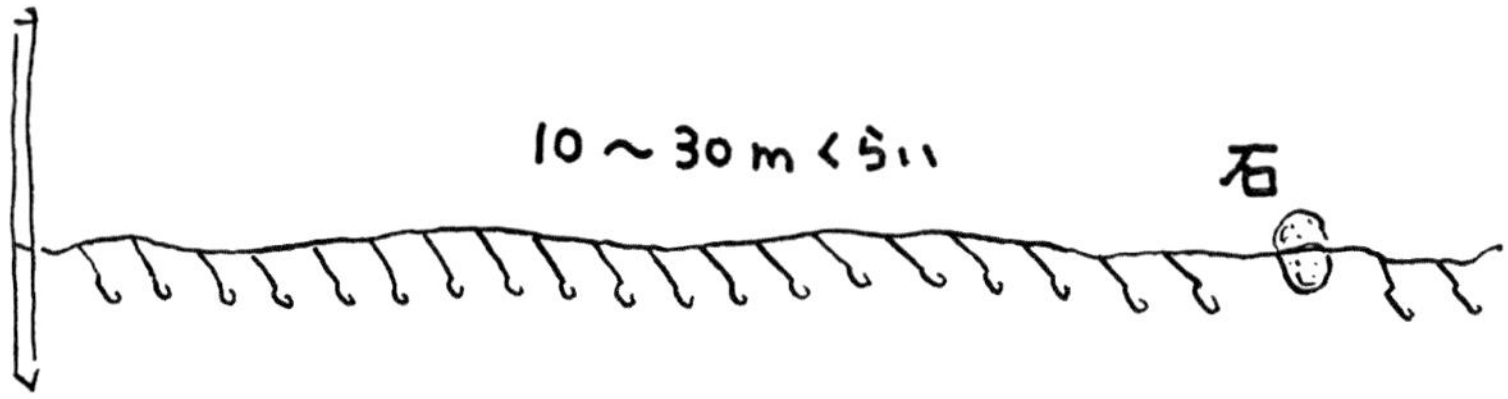

置き針漁

1．長綱

全長、10～50メートルの太い水糸に、50～60センチ間隔に、はりす20～30センチの細い水糸に、10号より大きい長綱用の針をつけたのを結ぶ。（図参照）これを夕方仕掛け、早朝、日の出前に引き上げに行く。獲物は、おもにコイ、ニゴイ（セイタンボウ）、ウナギ、ナマズであった。

舟を上流から流しながら置いていく。10メートルおきぐらいに石重りを付け沈める。これは、長綱が流されたり、獲物に持って行かれないためで、流速や狙う獲物によって適宜調節する。

針につけるえさは、蛭、大麦（実を煮たもの）、ミミズなどである。

長綱のはじめには竹ざおを立て、他の人と重複しないよう目印とする。この漁法は夜間のみで日中の釣り人の邪魔をしたり、夜

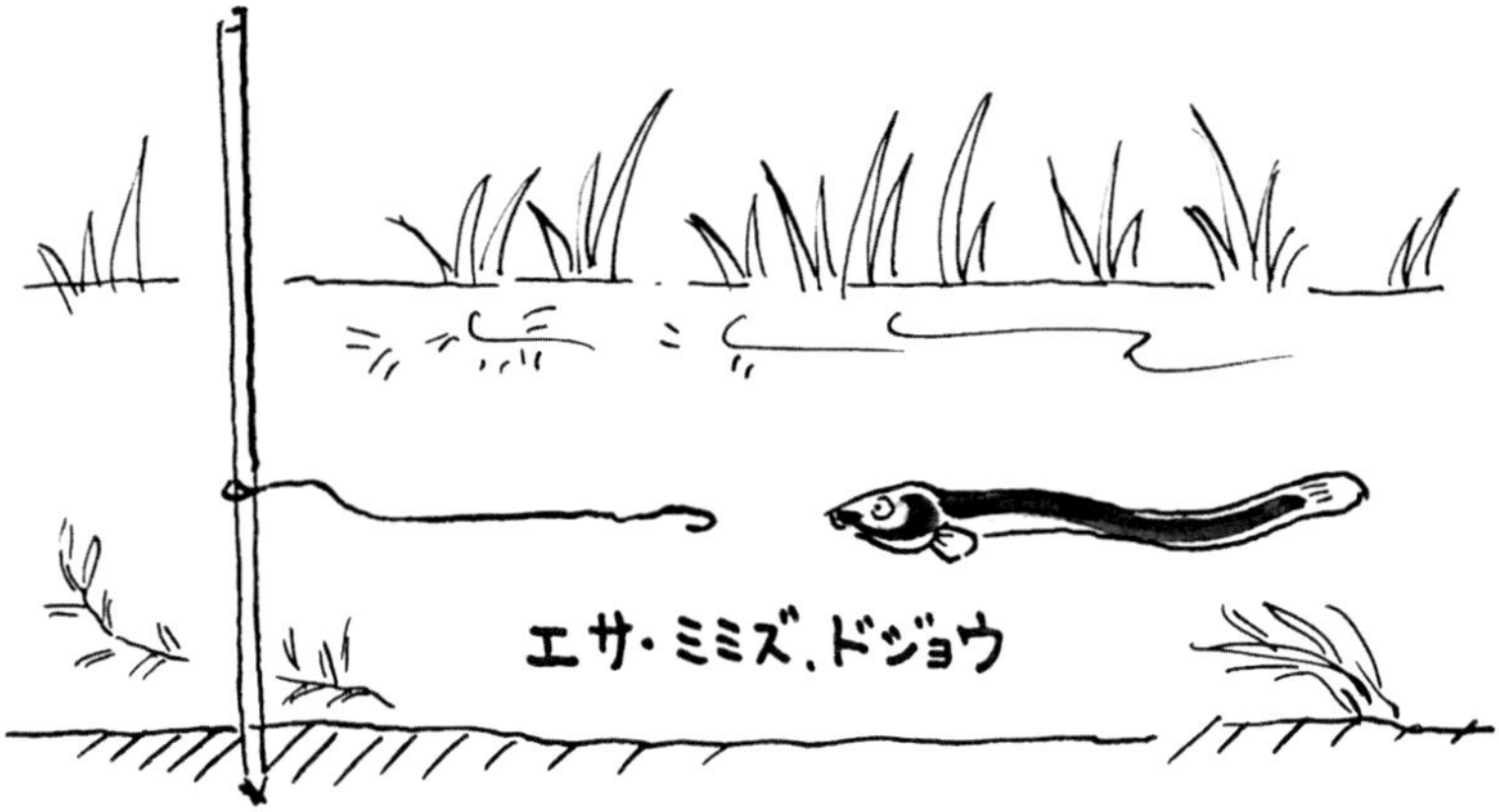

間であっても、アユ漁、マルタ漁の時期は避けるべきである。

※マルタとはウグイによく似た魚で25〜30センチ位の大きさで、春先〜初夏にかけ、雪しろ（雪解け水）がとけて川の水が増水すると、産卵のためやってきた。主にコロガシの対象となった。

2. 置き針

図のように、1〜2メートルぐらいの細い竹竿の下に30〜40センチの細い水糸の先に長綱と同じ針を結んだ仕掛けである。針は一本である。えさは、おもにミミズ（ウタウタミミズ）である。ときには小魚（ドジョウ）が使われた。岸辺のマコモ、水草のある所が狙い目である。獲物はウナギ、ナマズが主

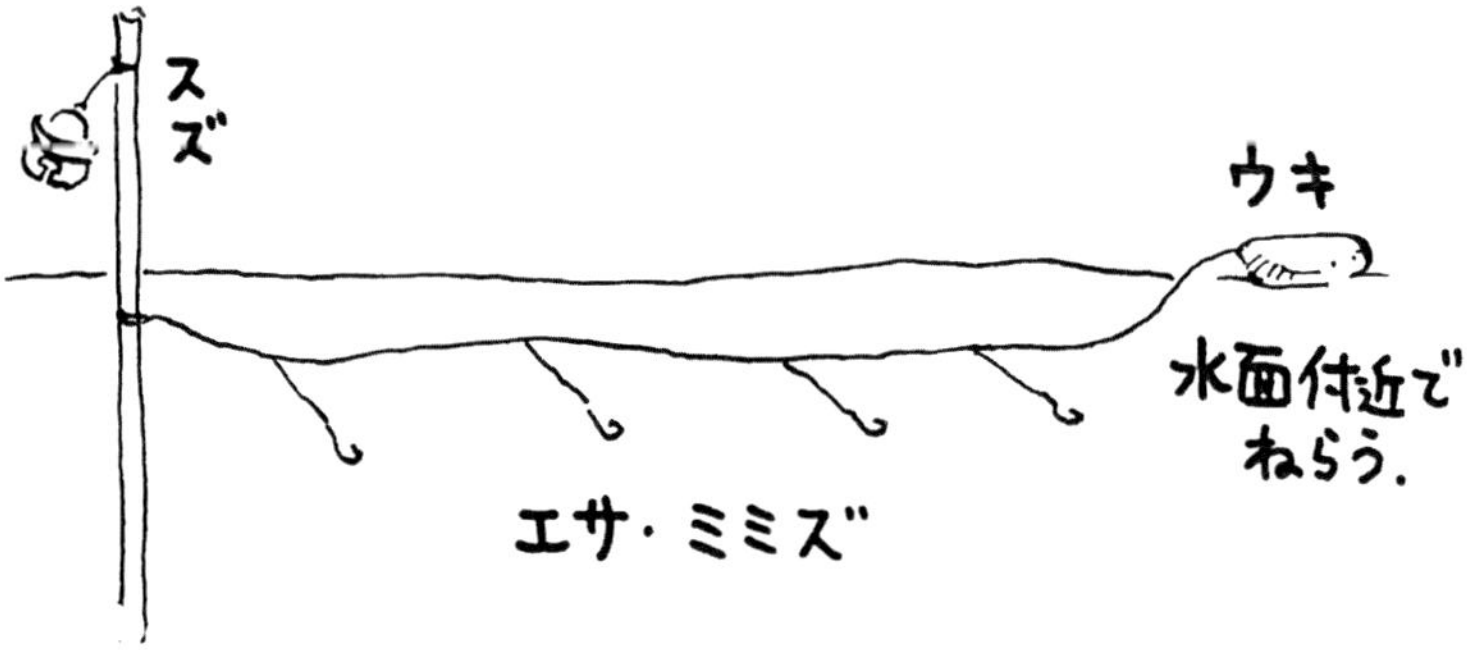

である。簡単な方法なので、子どもも何本か置き針を置いたものである。特にウナギがよくかかって、早起きして上げに行くのが楽しみであった。

3. ボラの流し釣り

昔は、ボラは、普通に見られる魚であった。河口から168キロの地点にあるこの地区で、ボラのライズの見られるのは当たり前の光景であった。この魚を本気で採ろうという人はいなかったと思う。わけは食味がコイなどに比べ美味ではなかったと思う。一種独特のくさみがあったと思う。地引網を引いても飛んで逃げてしまうのである。それでもボラを採ろうとする人は次のような仕掛けで、釣ったのである。参考までに記しておく。

※ライズとは、釣人の一般的な言葉で、水面にはねること。

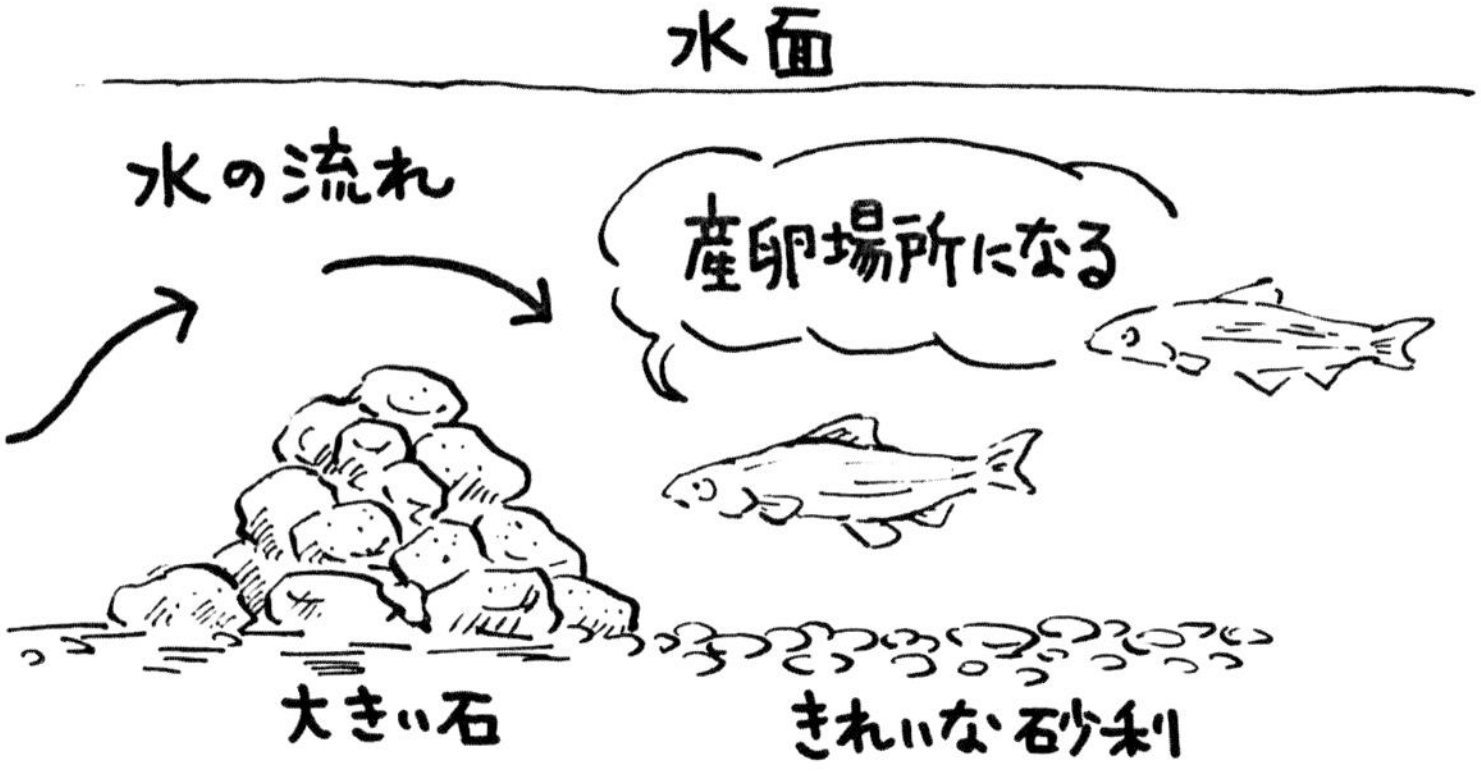
水面
水の流れ
産卵場所になる
大きい石
きれいな砂利

まやかき漁

上越国境の山々の雪が消え、利根川に雪しろがやってくる。その頃になると、ウグイが産卵期を迎え、オスたちはきれいな婚姻色に染まる。産卵のため、流れの強い、きれいな小砂利のある浅瀬に集まってくる。これを利用して、人工的に産卵場所をつくり、産卵に来たウグイなどを一網打尽にしようと言うわけである。

現在はこの漁法は資源保護の点から禁止されている。石のかわりに木のくいを打ってソダ（細い木の枝）等で水勢を止め、下をムツゴ（レーキのような農具）でこすって似たものを造る人もいるが、漁場を占拠してしまうのであまり感心できない漁法である。

竿づり

子ども時代から今までを振りかえって、この地方で行なわれた利根川の魚とりのやりかたや方法について記してきたが、釣竿を使った漁法については述べなかった。その理由は今でも行なわれたり、新しいやりかたは、各種の釣り雑誌やインターネットで手にいれることができるからである。

竿釣りの例を挙げておこう「利根川」

（1）うき、またはボッカン釣り「コイフナウグイ、オイカワ、モロコ等、バス、ブルーギル、ウナギ、ナマズ、ニゴイ」

（2）毛ばり釣り「オイカワ、ウグイ、ニジマス、銀化マス、アユ」

（3）ころがし釣り「アユ、マルタ」

（4）ルアー釣り「バス、ライギョ、ニゴイ、マス」

（5）オランダ釣り「オイカワ、ウグイ、アユ」

（6）チンチン釣り「オイカワ、ウグイ、アユ」

魚釣りは「フナ釣りに始まりフナ釣りに終わる」と言われる。しかしこうした釣りの境地は夢物語となったようだ。なぜなら、肝心のお相手をしてくれるフナ様の姿が目に付かなくなってしまった。このフナ様というのは、マブナのことである。増えたのはヘラブナである。ヘラブナは競技用に各地の管理池に放たれ、それが自然の河川に入り込み勢力を拡大したものとおもわれる。むかしはマブナばかりであったのだが。

時が過ぎ、時代は大きく様変わりしてきた。自然の環境もこれに負けず変化したようだ。

利根川にすむ魚たち、貝類や水生昆虫もかわった。詳しく科学的に調査したのではなく、私見（感覚的）であるが参考までに例を幾つか挙げておこう。（熊谷市間々田地区利根川に限る）

見られなくなった「生きもの」

（魚）「ボラ、スズキ、バカチ（チチブ？）ヤツメウナギ、スナメド、ジョウ、ギギュウ、レン魚、ソウ魚、」

（貝）「シジミ、カワニナ、タニシ、カラスガイ」

（虫）「ゲンゴロウ、ミズカマキリ、タガメ、ミズスマシ」

（その他）「ケガニ」

少なくなった「生きもの」

（魚）「マブナ、タナゴ、メダカ、ウナギ、ニホンナマズ、ライギョ、ドジョウ」

（虫）「ヤゴ、ヒル、川虫、川エビ」

増えたと思われる「生きもの」

「バス、ブルーギル、コイ、アメリカナマズ、ヘラブナ」

あとがき

『歳月　人を待たず』と言われるが、気がつけば、何時の間にやら老人扱いされる歳になってしまった。この間までまだまだ未熟者の若い気でいたのにだ。

歳をとったという感覚は、或る日、ある時、突然の出来事の中で気がつくようだ。初めはショックだった。何とか誤魔化そうとしたが、所詮無駄な抵抗だった。齢九十にもなんなんとする歳になっては、自然に任せ、むしろ歳をとる楽しみ、年の功を相手にして過ごしたほうが得策のようだ。

昭和初期（一九三一年）から平成、令和（二〇二一年）と、途中の戦争を含めて様々な経験を積ませてもらった。思い出は尽きないが、ここでは利根川の魚とりの様子の変化と川辺で暮らす人々の生活の一端を中心に記してみた。

追憶を辿るうちに気がついたことは、あまりにも古き時代と今の時代とのギャップの大きさであった。十年一昔というから少年時代を古き時代と書いたが、私的に言えば少年時代のことは、この間のことに思われ、生き生きとそして連綿として私の中につながっている。

昔という言葉も思い出の中に書くにはちょっと腰の引ける言葉であった。私の生きた時代の前の明治や江戸時代なら昔という言葉がぴんと来る。『むかし、むかし、おじいさんとおばあさんがおってな…』。これなら分かる。したがってこの記事の中の昔は「十年一昔」の慣例に従ったと理解して頂きたい。なにしろ目まぐるしい変遷の現代であるから。

利根川は、田畑の重要な灌漑用水として、また現在の工業化、都市化の時代にあって工業用水、大都市の飲料水源としての役割をはたしている。

また、洪水対策として堤防の強化工事、管理が行なわれている。上流のダム建設、下流域の水源用ダムの建設も行なわれた。

間々田地区も例外ではない。数度にわたる堤防の強化工事が行なわれ、水害に対する安全度は格段にあがった。

しかしながら、地区と川の関係は反比例して少なくなってきた。人々は川に関係なく暮らしができるようになった。魚はスーパーに行って買えば間に合う。ガス、水道、電気は供給され、日常生活を潤す。ただし必要なのは金銭である。すべてが金に支配される世の中になった。これが私達の目指す豊かな生活なのだろうか。

確かに利根川という大河川は牙をむき出すと恐ろしい。その反面人々に偉大な恵みをもたらしてくれる存在でもある。間々田地区は利根川という河川に依存し生きてきた歴史を持つ地区でもある。

地区内を流れる悠々たる大河、利根川。自然に恵まれた土地だからこそ、その喜びを味わうことができるはずである。水中に光る魚たち、季節に集う水鳥たち、カッコウやウグイス、ヨシキリの声、草むらにすだく虫の声。

自然のすばらしさが身近にあるのだ。

この冊子は間々田地区における川魚漁について記してみたが、人は単に欲得のみで魚とりをするのではないことにも気付く。人間の本能的欲求もあるのだ。

人は根底に狩猟本能をもっていると思う。大昔は木の実や魚、貝を採って生命を維持してきた。現代人だって根底にはその本能を持っているのではないだろうか。少し横道に外れるが、たとえば未知の自然への恐怖本能は安心感を求めて知的好奇心を生み、闘争本能はルールを取り入れ、スポーツになったと言われる。スポーツで勝利すれば歓喜に包まれ、満足感をあじわう。学問的成果も、然り。魚とりも然りではなかろうか。

狩猟的本能の喜び、利根川という自然に恵まれた土地だからこその喜びを味わうことができるはずだ。赤城山をはじめ、上州三山、浅間山、男体山、遠く越後山脈まで望める利根川の流れの豊かさと恵みを、もう一度見つめなおし、地域振興の一助になれば幸いと思う。

最後に、この本の制作に当り、まつやま書房の皆さま、挿絵の佐通真由美さま、この地の民俗誌「土と水と風」編集者である矢嶋正幸さまに大変お世話になりました。

令和三年五月　九十翁 記

【著者紹介】

福島 尉稔（ふくしま やすとし）

1932 年（昭和 7 年）2 月 25 日、旧・男沼村、間々田に生れる。日本大学英文科卒。昭和 26 年より 42 年間教職を務めた。退職後、同地区にて農業に従事する。
趣味、魚釣り、アマチュア無線（JAIBGF・IFW）、読書、旅行。

利根川と生活　——間々田地区、川魚漁の記憶

2021 年 11 月 1 日　初版第一刷発行
著　者　福島 尉稔
発行者　山本 正史
印　刷　わかば企画
挿　絵　佐通真由美
発行所　まつやま書房
〒 355 － 0017　埼玉県東松山市松葉町 3 － 2 － 5
Tel.0493 － 22 － 4162
Fax.0493 － 22 － 4460
郵便振替　00190 － 3 － 70394
URL:http://www.matsuyama － syobou.com/

ISBN978-4-89623-165-6 C0039